Código De Ley Canónica

Canon 66 "La economía cristiana, por tanto, ya que es la Alianza nueva y definitiva, nunca pasará; y ninguna nueva revelación pública se espera antes de la manifestación de nuestro Señor Jesucristo". Aún, aunque la Revelación esté acabada, no ha sido completamente explicitada; corresponderá a la fe cristiana comprender gradualmente todo su contenido en el curso de los siglos.

Canon 67 A través de los siglos, ha habido revelaciones llamadas "privadas", algunas de las cuales han sido reconocidas por la autoridad de la Iglesia. Ellas no corresponden, sin embargo, al depósito de la fe. No es su rol mejorar o completar la Revelación definitiva de Cristo, sino para ayudar a vivirla más plenamente en una cierta época de la historia. Guiada por el Magisterio de la Iglesia, el sensus fidelium sabe discernir y acoger lo que en estas revelaciones constituye una llamada auténtica de Cristo o de sus santos a la Iglesia.

La fe cristiana no puede aceptar "revelaciones" que pretenden superar o corregir la Revelación de la que Cristo es el cumplimiento, como es el caso de ciertas religiones no cristianas y también de ciertas sectas recientes basadas en tales "revelaciones".

La Llena de Gracia:
Los Primeros Años
El Mérito
Pasión de Joseph
El Ángel Azul
La infancia de Jesús

Seguidme:
El Tesoro con Siete Nombres
Dónde hay Aspinas, también habrá Rosas
Por el Amor que Persevera
El Colegio Apostólico
El Decálogo

Las crónicas de Jesús y Judas Iscariote:
Te Veo como Eres
Aquellos quienes están Marcados
Jesús Llora

Lázaro:
Que Bella Rubia
Las Flores Del Bien

Claudia Procula:
¿Amas al Nazareno?
El Capricho de la Moral de la Corte

Principios Cristianos:
En la Reencarnación

María de Magdala
Ah! Mi Amada! ¡Al Fin Te Alcancé!

Lamb Books
Adaptaciones ilustradas para toda la familia

LAMB BOOKS
Publicado por Lamb Books, 2 Dalkeith Court, 45 Vincent Street,
London SW1P 4HH;
Reino Unido, EE.UU. FR, IT, ES, PT, DE
www.lambbooks.org
Publicado por primera vez por Lamb Books 2013
Esta edición
001
Texto copyright @ Lamb Books Nominado, 2013
Ilustraciones autor @ Lamb Books, 2013
El derecho moral del autor e ilustrador ha afirmado
Reservados todos los derechos
El autor y editor Agradecemos al Centro Editoriale Valtoriano en Italia
para el permiso para citar el Poema del Hombre-Dios por María
Valtorta, por Valtorta Publishing

Situado en Bookman Old Style R
Impreso en el Reino Unido por CPI Group (UK) Ltd, Croydon, CR0,
4YY

Salvo en los EE.UU., este libro se vende con la condición de que no
será, con carácter comercial o no, ser objeto de préstamo, reventa,
alquiler, o distribuido de otro modo sin el consentimiento previo del
editor, en cualquier forma de encuadernación o cubierta que no sea
aquel en el que se publica y no una condición análoga, incluida esta
condición que se imponga en el futuro comprador

Las **Crónicas** De **Jesús** Y **Judas Iscariote**

Aquellos Quienes Están Marcados

LAMBBOOKS

Agradecimientos

El material de este libro es una adaptación del El Poema Del Hombre Dios (El Evangelio Según Lo Revelado A Mí) de Maria Valtorta, aprobado por primera vez por el Papa Pío XII en 1948, cuando en una reunión el 26 de Febrero de 1948, presenciado por otros tres sacerdotes, ordenó a los tres sacerdotes presentes "Publicar este trabajo, tal como es".

En 1994, el Vaticano hizo caso a las llamadas de los cristianos en todo el mundo y han comenzado a examinar el caso de la Canonización de Maria Valtorta (Pequeño Juan).

El Poema Del Hombre Dios fue descrito por el confesor de Pío "como edificante". Las revelaciones místicas han sido durante mucho tiempo jurisdicción de los sacerdotes y los religiosos. Ahora, están al alcance de todos. Que todos los que lean esta adaptación, también lo encuentren edificante. A través de este punto de vista, la fé puede ser renovada.

Gracias especiales al Centro Editoriale Valtortiano en Italia por su autorización para citar el Poema del Hombre Dios por María Valtorta, llamada también Pequeño Juan.

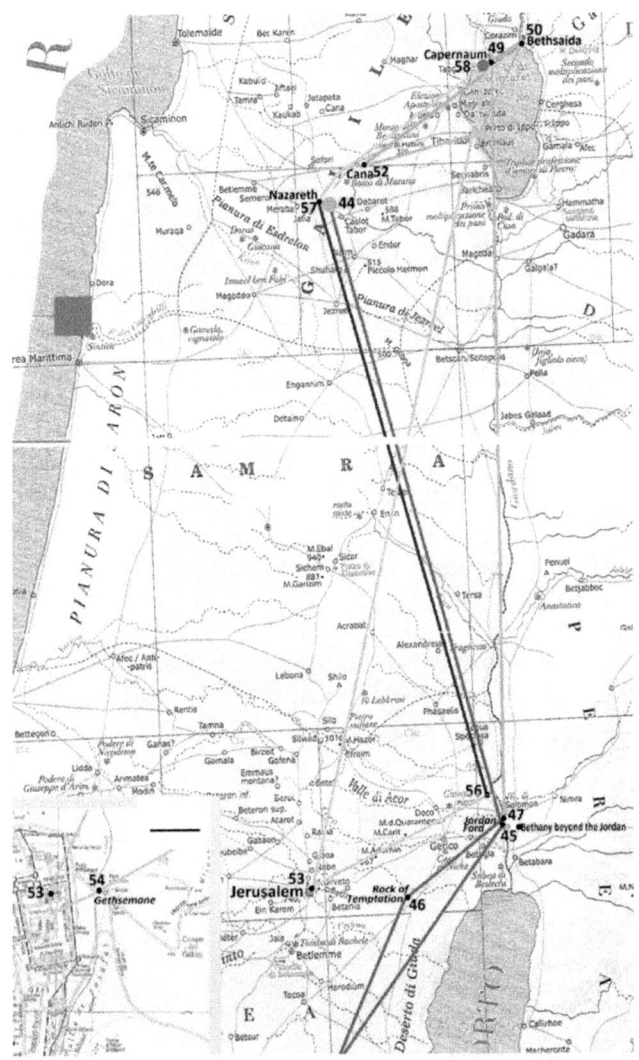

Jesús va al Hotel en Belén y Predica desde las Ruinas de la Casa de Ana. 9

Jesús y los Pastores Elías, Levi y José. 25

Jesús en Juta con el Pastor Isaac. 37

Jesús en Hebrón. La casa de Zacarías. Aglae. 51

Jesús en Queriot. Muerte del Anciano Saúl. 64

En Su Camino de Regreso desde Queriot, Jesús se Detiene con los Pastores cerca de Hebrón. 84

Jesús Regresa a la Montaña Dónde Él Ayunó y a la Roca de la Tentación. 96

A las orillas del Jordán. Encuentro con los Pastores Juan, Matías y Simeón. 115

Judas Iscariote Cuenta Cómo Vendió las Joyas de Aglae a Diomedes. 125

Jesús Va Al Hotel En Belén Y Predica Desde Las Ruinas De La Casa De Ana.

Es temprano en una brillante mañana de verano y pequeñas tiras delgadas de nube rosa, como trazos de pincel, pintan el cielo como tiras de gasa deshilachadas en una alfombra turquesa. Las aves, regocijado por la luz brillante, llenan el aire con las canciones de los gorriones, mirlos y petirrojos que silban, chirridos y peleas por un tallo, un gusano o una ramita que quieren llevar a sus nidos, para comer o pasar la noche.

Golondrinas de color óxido desde el cielo se lanzan como dardos hasta el pequeño arroyo para mojar sus pechos blancos de nieve, refrescarse en el agua y capturer pequeñas moscas aún dormidas en un pequeño tallo y luego lanzarse hacia atrás hacia el cielo en un instante como una hoja bruñida, todo el tiempo, charlando alegremente.

A lo largo de las orillas del arroyo, dos motacillas de cabeza azules, vestidos con pálido gris ceniza, caminan con gracia como dos damas; sosteniendo sus largas colas adornadas con manchas negras de terciopelo. Se detienen para mirar con satisfacción sus hermosos reflejos en el agua antes de reanudar su caminata mientras que un pájaro negro, un pícaro real de la madera, se burla de ellos, silbando con su largo pico.
  En el espeso follaje de un árbol de manzana silvestre que crece solo entre las ruinas, un ruiseñor llama a su compañero con insistencia,

solo ella está en silencio cuando lo ve venir con una oruga larga colgando de su pico fino. Dos palomas fugitivas de ciudad escapadas de un palomar que ahora moran en libertad en una grieta en una torre en ruinas, dan rienda suelta a sus efusiones de amor; el macho seductor arrulla para el beneficio de la modesta mujer.

Con los brazos cruzados, Jesús, mira a todas las pequeñas criaturas felices y sonríe.
'¿Tú estás ya listo Maestro?' Pregunta Simón, a espaldas de Él.
'Sí, lo estoy. ¿Los otros siguen durmiendo?'
'Sí, lo están'.
'Son jóvenes ... Me lavé en esa corriente ... El agua está tan fría que aclara la mente ... '
'Voy a lavarme ahora'.

Mientras Simón, vestido sólo con una túnica corta, se lava a sí mismo y luego se pone la ropa, Judas y Juan salen. ¡Salve, Maestro!, ¿Llegamos tarde?'
'No. Es sólo el amanecer. Pero ahora apúrense y vámonos'.
Los dos se lavan y se ponen sus túnicas y mantos. Jesús, antes de salir, recoge algunas pequeñas flores que han crecido entre las grietas de dos piedras, y las pone en una pequeña caja de madera que ya contiene otros elementos; ' 'Voy a llevárselas a Mi Madre ... ', explica. 'Ella las amará ... Vamos'.
'¿A dónde Señor? '
'A Belén'.
'¿Otra vez? No creo que la situación sea favorable para nosotros ...'
'No importa. Vamos. Quiero mostraros dónde vinieron los Reyes Magos y donde yo estuvimos'.

10

'En ese caso, escucha. Disculpa, ¿si, Señor? Pero déjame hablar a mí. Vamos a hacer una cosa. En Belén y en el hotel, déjame hablar y hacer preguntas. Vosotros los galileos no son del agrado terriblemente en Judea, y mucho menos aquí que en cualquier otro lugar. No, vamos a hacer esto: vuestra ropa muestra que Tú y Juan son galileos. Es demasiado fácil. Y luego ... ¡el pelo! ¿Por qué insistes en llevarlo tan largo? Simón y yo vamos a cambiar mantos con vosotros. Simón, dale el tuyo a Juan, yo le daré el mio al Maestro. ¡Eso es todo! ¿Ves? Ya se parecen un poco más a los habitantes de Judea. Ahora toma esto. 'Y él se quita el paño que cubre su cabeza: de color rojo, amarillo, marrón y verde a rayas de material, como su manto, manteniéndolo por un cordón de color amarillo, lo coloca sobre la cabeza de Jesús, ajustándolo a lo largo de sus mejillas para ocultar Su pelo rubio. Juan pone el verde muy oscuro de Simón. '¡Oh! Eso es mejor ahora. Tengo un sentido práctico'.
'Sí, Judas, tienes un sentido práctico. Eso es cierto. Mira, sin embargo, que no exceda el otro sentido'.

'¿Cuál, Maestro? '
'El sentido espiritual'.
'¡No! ¡No! Pero en ciertos casos vale la pena ser más un político que embajador. Y escucha ... se bueno un poco más de tiempo ... es por Tu propio bien ... No me contradigas si debo decir algo ... algo ... que no es cierto'.
'¿Qué quieres decir? ¿Por qué mentir? Yo soy la Verdad y no quiero ninguna mentira en Mí o alrededor de Mí'.
'¡Oh! Sólo voy a decir mentiras a medias. Me gustaría decir que todos estamos regresando de lugares remotos, de Egipto, por ejemplo y que

estamos buscando noticias de queridos amigos. Me gustaría decir que somos habitantes de Judea que volvímos del exilio. Después de todo, hay algo de verdad en todo, y continuaré hablando y ... una mentira más, una mentira menos ... "

'¡Pero Judas! ¿Por qué engañar? '
'¡No importa Maestro! El mundo vive en el engaño. Y a veces el engaño es una necesidad. Bueno: para hacerte feliz a Ti, voy a decir que sólo venimos desde lejos y de que somos habitantes de Judea. Lo cual es cierto para tres de cada cuatro de nosotros. Y tú, Juan, por favor, no hables en absoluto. Mantente a distancia'.
'Voy a estar en silencio'.

'Entonces ... si todo sale bien ... diremos el resto. Pero yo no lo creo ... Yo soy astuto, capto cosas a la vez'.
'Veo eso Judas. Pero prefiero que seas simple'.
'Esto no ayuda mucho. En Tu grupo, voy a ser el encargado de las misiones difíciles. Déjame llevarlas a cabo. Jesús se resiste. Pero Él se rinde'.
'Ellos parten, caminando por primera vez alrededor de las ruinas y luego a lo largo de un enorme muro sin ventanas desde el otro lado viene rebuznos, mugidos, relinchos, balidos y el grito extraño de camellos. Siguen el ángulo de la pared y emergen a la plaza de Belén con una fuente en su centro. La forma de la fuente sigue siendo inclinada como lo fue en la noche de la visita de los Reyes Magos, pero al otro lado de la calle donde está la pequeña casa que en la misma noche se había bañado por los rayos plateados de la Estrella, en la actualidad es sólo un gran brecha sembrado de ruinas, coronadas por la pequeña escalera exterior y su descanso.

Jesús mira y suspira.

La plaza está llena de gente alrededor de los comerciantes de alimentos, utensilios de cocina, ropa y otros artículos, todos se extienden sobre esteras o en cestas en el suelo, con los mercaderes agazapados en el centro de sus ... tiendas o de pie, gritando y gesticulando con compradores tacaños.

'Es día de mercado', dice Simón.

La puerta principal del hotel, donde los Reyes Magos se habían quedado, está muy abierta y una línea de burros cargados de mercancías está saliendo. Judas entra por primera vez y mira a su alrededor con altivez y se apodera de un buscavidas sucio en mangas cortas, con su corta túnica que le llega hasta las rodillas. '¡Estafador!, Grita. '¡El casero! ¡Rápido! ¡Se rápido!. No estoy acostumbrado a que hagan esperar a la gente'.

El chico se escapa, arrastrando una escoba detrás de él.
'¡Pero Judas! ¡Qué modales!'

'Cállate, Maestro. Déjame en paz. Es importante que nos consideren ricos que vienen de la ciudad'.
El arrendador se apresura, y se inclina hacia abajo varias veces ante Judas, que se ve impresionante en el manto de color rojo oscuro de Jesús que lleva en la parte superior de su suntuosa túnica amarilla llena de flecos.
'Hemos venido de lejos, hombre. Somos habitantes de Judea de las comunidades asiáticas. Este caballero, nacido en Belén y perseguido, ahora está buscando algunos queridos amigos. Estamos con Él. Hemos venido de Jerusalén, donde adoramos al Altísimo en Su Casa. ¿Puedes darnos alguna información?'

'Mi señor ... tu siervo ... lo hará todo por ti. Dame tus órdenes'.
'Queremos un poco de información sobre muchos ... y en particular sobre Ana, la mujer cuya casa estaba enfrente de tu hotel'.
'¡Oh! ¡pobre mujer! La encontrarás sólo en el seno de Abraham. Y sus hijos con ella'.
'¿Está muerta? ¿Cómo? '
'¿No sabes de la masacre de Herodes? Todo el mundo hablaba de ello e incluso César le llama "un cerdo que se alimenta de sangre". ¡Oh! ¿Qué he dicho? ¡No me informe! ¿De verdad eres de Judea?'

'Aquí está el signo de mi tribu. ¿Entonces? Habla'.
'Ana fue asesinada por los soldados de Herodes, con todos sus hijos, excepto una hija'.
'¿Pero por qué? ¿Ella era tan buena? '
'¿Tú la conociste? '
'Sí, muy bien'. Judas pone cara de descarado.
'La mataron porque ella dio hospitalidad a aquellos que dijeron que eran el padre y la madre del Mesías ... Ven aquí, en esta habitación ... Las

15

paredes tienen oídos y es peligroso hablar de ciertas cosas'.

Entran en una habitación oscura baja y se sientan en un sofá bajo.

'Ahora ... yo tenía una nariz maravillosa. Yo no soy un hotelero para nada. Yo nací aquí, el hijo de los hijos de los hoteleros. Las artimañas están en mi sangre. Y no me las llevo. Podría haber encontrado un hueco para ellas. Pero ... pobres, galileos desconocidos como eran ... ¡Oh! no! Ezequías no caerá en la trampa! Y caí, sentí ... sentí que eran diferentes ... esa mujer ... Sus ojos ... algo ... no, no ... Ella debe haber tenido un demonio dentro de Ella y Ella le habló a él. Y Ella lo trajo ... no para mí ... sino para la ciudad. Ana era más inocente que un corderito, y ella les dio hospitalidad a los pocos días, cuando Ella ya tenía al Niño. Dijeron que él era el Mesías ... ¡Oh! ¡el dinero que hice durante esos días! ¡No hubo nada parecido al censo! Mucha gente vino aquí, que no tenía nada que ver con el censo. Llegaron incluso desde la orilla del mar, incluso desde Egipto para ver ... y ¡se prolongó durante meses! ¡Qué beneficio hice! Los últimos en llegar fueron tres reyes, tres personas, tres poderosos magos ... ¡Yo no lo sabía! ¡Qué tren! ¡Uno infinito!

Ellos tomaron todos los establos y pagaron en oro por tanto heno que pudo haber durado un mes, y se fueron al día siguiente, dejando todo aquí. ¡Y los regalos que le dieron a los estafadores y las mujeres!
¡Y para mí! Oh! Yo sólo puedo hablar bien del Mesías, si Él era verdadero o falso. Me hizo ganar bolsas de dinero. Y no tuve ningún desastre. Ningún miembro de mi familia murió, porque acababa de casarme. Así que ... ¡pero los otros!'

'Nos gustaría ver los lugares de la masacre'.
'¿Los lugares? Pero cada casa era un lugar de masacre. Había muertos por millas a la redonda en Belén. Venid conmigo'.

Ellos suben por una escalera a un gran techo de terraza desde donde se puede ver una gran cantidad de la campiña y todo Belén se extendido sobre las colinas como un abanico abierto.

¿Podéis ver las ruinas? Por allí también las casas fueron quemadas porque los padres defienden a sus hijos con sus armas. ¿Puedes ver por allí, esa cosa como un pozo cubierto de hiedra? Esos son los restos de la sinagoga. La sinagoga fue incendiada con el arquero de la sinagoga que declaró que era en verdad el Mesías.... incendiado por los sobrevivientes, impulsados salvajemente debido a la masacre de sus hijos. Tuvimos problemas después de eso... Y de allí, y allí, allí ... ¿véis esos sepulcros? Las víctimas están enterradas allí... Parecen como prqueñas ovejas esparcidas por todo el verde, tan lejos como el ojo puede ver. Todos los inocentes y sus padres y madres ... ¿Véis ese tonel? Su agua era roja después de que los asesinos se lavaron las armas y las manos en el. Y el arroyo en la parte de atrás aquí, ¿véis eso? Fue rosa con la sangre que había corrido en él desde las alcantarillas. Y ahí, ahí, frente a nosotros. Eso es lo que queda de la casa de Ana.

Jesús está llorando.

'¿La conocías bien? '
Judas responde: 'Ella era como una hermana para Su Madre. ¿Es verdad, amigo mío?'
'Sí', dice Jesús, simplemente.

'Entiendo', comenta el hotelero que se vuelve pensativo. Jesús se inclina hacia delante para hablar con Judas en voz baja.
'A mi amigo le gustaría ir en esas ruinas', dice Judas.
'¡Que Él vaya! ¡Pertenecen a todo el mundo! ' Vuelven abajo, dicen adiós y salen dejando al anfitrión, que había tenido la esperanza de ganar algo, decepcionado.

Cruzan la plaza y suben la escalerilla izquierda de pie sobre las ruinas de la casa de Ana y en el rellano, que está unos dos metros por encima de la plaza. Jesús está de pie en contra de la pequeña pared que encierra el rellano, sin nada detrás de Él. Desde la plaza, Su figura está claramente recortada contra el sol que brilla detrás de Él, formando un halo alrededor de su cabello dorado y volviendo su túnica de lino blanca - la única prenda todavía en Él - un blanco reluciente. Su manto se ha deslizado por Sus hombros y ahora se encuentra a Sus pies como un pedestal multicolor.
'Desde aquí ', dice Jesús : 'Mi madre Me hizo agitar la mano a los Savios Reyes Magos y nos marchamos de aquí para Egipto'.
La gente mira a los cuatro hombres en las ruinas y uno pregunta: ' ¿Son los familiares de Ana? '
'Ellos son amigos'.
'No hagais ningún daño al pobre mujer muerta ...' una mujer grita ' ... no lo hagais, ya que vuestros otros amigos lo hicieron cuando estaba viva, y luego huyeron'.

Jesús está de pie en el rellano contra el pequeño muro de cierre con nada detrás de Él, sino el fondo descuidado de lo que fue el jardín de la cocina de Ana y el campo ahora devastado y cubierto de escombros. El contorno de Su figura está claramente cortada contra el sol que brilla detrás de Él: forma un halo alrededor de Su cabello dorado, y hace que Su túnica blanca de lino se vea aún más blanca, que es la única prenda de Él, ya que el manto se ha deslizado fuera de Sus hombros y ahora se extiende a Sus pies como un pedestal multicolor.

Pero la voz poderosa de Jesús llena la plaza:
'¡Hombres de Judea! ¡Hombres de Belén, escuchad! Las mujeres de la sagrada tierra a Raquel, escuchad! Escuchad a Aquél que desciende de David, y havbiendo sufrido persecuciones, se ha convertido en digno de hablar, y hablar con vosotros para daros luz y confort. Escuchad'.
Las personas dejan de gritar, pelear y comprar y se reúnen.
'¡Él es rabino!'
'Desde luego, viene de Jerusalén'.
'¿Quién es Él? '
'¡Qué hombre tan guapo! '
'¡Y qué voz! '
'¡Y Sus modales! '
'¡Por supuesto, Él es de la casa de David!'
'Él es uno de los nuestros, entonces!'
'¡Vamos a escucharlo a Él! '

La multitud está reunida cerca de la pequeña escalera que parece un púlpito.
'En el Génesis se dice: "Yo os haré enemigos el uno del otro: tú y la mujer: Ella te aplastará la cabeza y tú le herirás en el talón". También dice: " Yo multiplicaré dolores en tus preñeces ... y el suelo te dará zarzas y cardos. "Esa fue la sentencia contra el hombre, la mujer y la serpiente. He venido desde lejos a venerar la tumba de Raquel, y en la brisa de la tarde, en el rocío de la noche, en la canción de la mañana quejumbrosa del ruiseñor,

oí viejos sollozos de Rachel repitidos, y han sido repitidos por boca de muchas madres de Belén, dentro de sus tumbas o dentro de sus corazones. Y oí la rugida tristeza de Jacobo en el dolor de los esposos viudos privados de sus esposas, a quienes el dolor había matado ... lloro con vosotros ... Pero escuchad, hermanos de Mi tierra. Belén; la tierra bendita, la menor de las ciudades de Judea, pero la más grande ante los ojos de Dios y de la humanidad, despertó el odio de Satanás, ya que fue la cuna del Salvador, como dice Miqueas, destinado a ser el tabernáculo en el que la Gloria de Dios, el fuego de Dios, Su amor Encarnado fue a descansar.

'Yo os haré enemigos el uno del otro: tú y la mujer; Ella te aplastará la cabeza y tú le herirás en el talón. "¿Cuál es la enemistad mayor que el que tiene como objetivo a los niños de una madre, el corazón de una mujer? ¿Y que el talón está ahí más fuerte que la madre del Salvador? La venganza de Satanás derrotado fue por consiguiente, una natural: él no golpeó en el talón, pero si en los corazones de las madres, a causa de la Madre.
¡Oh! ¡Los dolores se multiplicaron cuando los niños se perdieron después de haberlos dado a luz! Oh! maravilloso fue el problema de ser un padre sin hijos después de la siembra y trabajando duro para la descendencia! Y, sin embargo, Belén, ¡alégrate! Vuestra sangre pura, la sangre de los inocentes ha preparado una manera púrpura ardiente para el Mesías ..."
Ante la mención del Salvador y la Madre, la multitud se vuelve cada vez más turbulenta y ahora está mostrando claros signos de agitación. "Cállate, Maestro y vámonos", dice Judas.

Pero Jesús continúa: "... para que el Mesías que la Gracia de Dios- Padre salvó de los tiranos para preservarlo a Él para Su pueblo y su salvación y ...'
La voz aguda de una mujer gritando histéricamente corta a través "..." Cinco, cinco di a luz, y ninguno se encuentra ahora en mi casa. ¡Pobre de mí! '

Comienza el alboroto.
Otra mujer, se da la vuelta en el polvo, se desgarra su vestido para sacar su pecho mutilado sin pezón, gritando: '¡Aquí, aquí en esta mama mataron a mi hijo primogénito! ¡La espada le cortó la cara y mi pezón al mismo tiempo. ¡Oh! ¡mi Ellis! '
¿Y qué hay de mí? ¿Y yo qué? No es mi palacio real. Tres tumbas en una, vigilados por el padre: mi esposo e hijos juntos. Ahí, ahí! Si hay un Salvador, que Él me devuelva mis hijos, mi marido, que me salve de la desesperación, de Belcebú Él debe salvarme'.
Todos ellos gritan: '¡Nuestros hijos, nuestros maridos, nuestros padres! Dejad que Él los devuelva, si Él existe!'

Jesús agita Sus brazos imponiendo silencio.
'Hermanos de Mi tierra: Me gustaría devolveros a sus hijos, en su carne. Pero yo os digo: sed buenos, resígnaos, perdonad, tened esperanza, alegría de la esperanza y regocijaos con una certeza: que pronto tendréis a vuestros hijos, los ángeles en el Cielo, porque el Mesías está a punto de abrir las puertas del Cielo, y si son justos, la muerte será una nueva Vida y un nuevo amor ... '
'¡Ah! ¿Eres Tú el Mesías? En el nombre de Dios, dinos'.

Jesús baja Sus brazos con un getso tan dulce y amable como si estuviera abrazándolos a todos, y dice:
'Sí, lo soy'.
'¡Vete! ¡Fuera! Es Tu culpa, entonces! 'Hay silbidos y abucheos y unos cortes de piedra a arrojadas al rellano.
Judas reacciona instintivamente, salta delante de Jesús, de pie en la pared baja del rellano, con su manto abierto ampliamente y sin temor, protege a Jesús de entre las piedras. La piedra le pega a Judas en la cara, expulsando sangre, pero él le grita a Juan y Simón: "Llevad a Jesús. Detrás de esos árboles. Os seguiré. ¡Id en nombre del Cielo! ' Y él grita a la multitud: " ¡Perros malos! Yo soy del Templo y le informaré al Templo y a Roma'.

Por un momento, la multitud se asusta. Luego, la lluvia de piedras se reanuda, pero por suerte, su objetivo está fuera de alcance. Y Judas, sin miedo, recoge una piedra que le lanzaron y la tira hacia atrás sobre la cabeza de un viejo hombre que está gritando como una urraca al que se la arrancó con vida! Judas también responde con lenguaje ofensivo a las maldiciones de la multitud.

Cuando la multitud trata de subir la altura de su pedestal, él desciende de la pequeña pared, toma rápidamente una antigua rama de la tierra, y sin piedad los azota en la espalda, cabeza y manos. Algunos soldados se apresuran al lugar y con sus lanzas hacen su camino a través de la multitud: '¿Quién eres tú? ¿Por qué esta pelea? '
"Yo soy de Judea y yo he sido atacado por estos plebeyos. Un rabino, bien conocido por los sacerdotes, estaba conmigo. Él estaba hablándole a estos perros. Pero se hicieron salvajes y nos atacaron'.

'¿Quién eres? '
'Judas de Queriot, fui un hombre del Templo. Ahora, soy un discípulo del rabino Jesús de Galilea y un amigo de Simón el fariseo, de Johanán saduceo, y de José de Arimatea, el Consejero del Sanedrín, y finalmente, de Eleazar ben Ana, gran amigo del procónsul, y tú puedes comprobarlo'.
'Lo haré. ¿A dónde vas? '
'Voy a Queriot con mi amigo, luego a Jerusalén'.
'Vete. Vamos a protegerte la espalda'.
Judas le da unas monedas al soldado. Es ilegal ... pero bastante común, porque el soldado les lleva con rapidez y cautela, saluda y sonríe. Judas salta de su plataforma y pasa por el campo sin cultivar, saltando de vez en cuando hasta que llega donde están sus compañeros.
'¿Estás herido gravemente?'

'¡No, no es nada, Maestro! En cualquier caso, es por Ti ... Pero yo les di una paliza también. 'Debo de estar cubierto de sangre ... "
'Sí, en la mejilla. Hay un riachuelo aquí'.
Juan humedece un pequeño trozo de tela y limpia la mejilla de Judas.
'Lo siento, Judas ... Pero mira ... para decirles que somos habitantes de Judea, de acuerdo con tu buen sentido práctico ... '
'Ellos son bestias. Creo que ahora Tú estás convencido, Maestro. Y espero que no insistas... '
'¡Oh! no! No porque tenga miedo. Pero debido a que es inútil, hace un momento. Cuando ellos no nos quieren, no debemos maldecirlos, sino retirarnos a orar por los pobres, las personas necias, que mueren de hambre y no pueden ver el pan. Vayamos a lo largo de este camino fuera de la vía, a los pastores, si podemos encontrarlos. Creo que

seremos capaces de seguir adelante con el sapo a Hebrón... '
'¿Para tener más piedras lanzadas contra nosotros? '

'No. Para decirles: "Estoy aquí'.
'¿Qué? ... Ellos ciertamente nos golpearon. Ellos han estado sufriendo desde hace treinta años a causa de Ti'.
'Vamos a ver'.
Y desaparecen en un poco de madera fresca, espesa y sombreada.

Jesús Y Los Pastores Elías, Levi Y José.

Las colinas que se elevan más y más y el bosque crece más grueso cuanto crece más lejos de Belén hasta que forman una cadena real de la montaña. Jesús, subiendo primero, mira en silencio alrededor como alguien ansioso de encontrar algo. Él escucha, más a las voces de los bosques que a los apóstoles que están a pocos metros detrás de Él y están hablando uno con otro. Escuchando, Él capta el ding- dong de una campana llevada por el viento y sonríe. Entonces volviéndose, Él dice;
'Oid las campanas de las ovejas'.
'¿Dónde Señor?'
'Creo que cerca de esa loma. Pero la madera Me impide ver'.
Debido al calor, los apóstoles se han quitado los mantos, los han enrollado y los están llevando a la espalda. Sin decir una palabra, Juan también se quita la túnica exterior y ahora, sólo con la túnica interior corta, él lanza sus brazos en torno a un buen tronco de altura de un árbol de la ceniza y sube.... hasta donde puede ver.
'Sí, Maestro. Hay muchos rebaños y tres pastores allí, detrás de ese matorral'.
Él vuelve a bajar y ellos proceden, seguros de su camino.
'¿Serán ellos?'

'Vamos a preguntarles, Simón y si no lo son, van a decirnos algo ... Ellos se conocen entre sí'.

Después de cerca de un centenar de metros, ellos emergen en una amplia pradera verde totalmente rodeada de gigantescos árboles muy viejos y muchas ovejas que pastan en la espesa hierba de la pradera ondulada. También hay tres hombres, velando por las ovejas: Uno viejo con el pelo blanco, un segundo hombre de unos treinta años y el tercero de unos cuarenta años de edad.
'Ten cuidado, Maestro. Son pastores ... ' advierte Judas, cuando ve a Jesús acelerando su paso.
Pero, sin responderle a Judas, Jesús se apresura, alto y guapo en su túnica blanca y con la puesta de sol en frente de Él, parece un ángel..

'La paz sea con vosotros, Mis amigos' saluda cuando llega al borde de la pradera.

Los tres hombres se dan veulta, sorprendidos. Hay una pausa en silencio.... y entonces el hombre mayor le pregunta:
'¿Quién eres Tú? '
'Aquel que os ama'.
'Tú serías la primera vez en muchos años. ¿De dónde eres Tú? '
'De Galilea'.
'¿De Galilea? ¡Oh! 'El hombre lo observa cuidadosamente .... y los otros dos se acercan más. 'De Galilea' repite el pastor. Y en voz muy baja, como quien se expresa a sí mismo, añade: "Y vino también de Galilea' en voz alta otra vez, el pastor vuelve a preguntar '¿De qué ciudad, mi Señor?' 'De Nazaret'.

'¡Oh! Bueno, dime. Un Niño que jamás volvió a Nazaret, un Niño con una mujer que se llamaba María, y un hombre llamado José, un Niño, que era aún más bello que Su Madre, tan hermosa que nunca he visto una flor más justa en las laderas de Judea? Un Niño nacido en Belén de Judea, en el momento del edicto? Un Niño que huyó después, afortunadamente para el mundo. Un Niño, ¡oh! Daría mi vida sólo para saber si está vivo ... 'Él debe ser un hombre por ahora'.
'¿Por qué dice que Su vuelo fue una gran fortuna para el mundo?'

'Porque Él era el Salvador, el Mesías y Herodes lo quería muerto. Yo no estaba allí cuando huyó con Su Padre y Su Madre. Cuando me enteré de la masacre y regresé ... porque yo también tenía hijos (solloza), mi Señor, y una esposa ... (solloza), y me enteré de que habían sido asesinados (solloza de nuevo), pero te juro por el Dios de Abraham, yo tenía más miedo por Él que por mi propia familia - oí que Él había huido y yo ni siquiera podía preguntar; ni siquiera podía llevar a mis propias criaturas sacrificadas ... Ellos lanzaron piedras contra mí, como lo hacen con los leprosos y los impuros, me trataron como a un asesino... y tuve que esconderme en el bosque, y vivir como un lobo ... hasta que encontré a un amo. ¡Oh! ya no es Ana ... él es duro y cruel ... Si una oveja se hace daño, si un lobo se alimenta de un cordero, él tampoco me pega hasta sangrar o toma mi pobre salario, y tengo que trabajar en el bosque para otras personas, yo debo hacer algo, para pagarle el triple del valor.

Pero eso no importa. Le he dicho siempre al Altísimo: " Déjame ver Tu Mesías, por lo menos me hizo saber que Él está vivo, y todo el resto no es nada. "Mi Señor, Te he dicho cómo la gente en Belén me trataron y cómo mi mestrao me trata. Podría haberles pagado con sus propias monedas, podría haberles hecho daño, robado, por lo que no iba a sufrir bajo mi amo. Pero yo preferí sufrir, para perdonar, para ser honesto, porque los ángeles dijeron: "¡Gloria a Dios en el cielo y paz en la tierra a los hombres de buena voluntad " '
'¿Eso es lo que dijeron?'

'Sí, mi Señor, Tú debes creer, por lo menos Tú, que eres bueno. Tú debes saber y creer que ha nacido el Mesías. Nadie más lo creería. Pero los ángeles no mienten ... y no estábamos borrachos, como ellos decían. Este hombre aquí, era un niño entonces, y él fue el primero en ver al ángel. Él bebía solo leche. ¿Cómo puede la leche hacerte un borracho? Los ángeles dijeron: "Hoy, en la ciudad de David nació el Salvador, que es Cristo, el Señor". Y aquí es una señal para vosotros. Vais a encontrar un Niño envuelto en pañales acostado en un pesebre.

'¿Dijeron eso exactamente? ¿No los malinterpretaste? ¿No estás equivocado, después de tanto tiempo?'.

'¡Oh! no! ¿No es así, Levi? Para no olvidar, - no podríamos olvidarlo, en ningún caso, porque eran palabras celestiales, y están escritas en nuestros corazones con un fuego celestial - cada mañana, cada tarde, cuando el sol se levanta, cuando la primera estrella comienza a brillar, nosotros las repetimos como una oración, como una bendición, para tener fortaleza y consuelo en Su nombre y en el de Su Madre'.
'¡Ah! Tú dices: '¿Cristo?'
'No, mi Señor. Nosotros decimos: "¡Gloria a Dios en el cielo y paz en la tierra a los hombres de buena voluntad, a través de Jesucristo que nació de María en un establo en Belén y Quién, envuelto en pañales, se encontraba en un pesebre, Aquel que es el Salvador del mundo"'.
'Pero, en fin, ¿a quien estás buscando?'

"Jesucristo, el Hijo de María, el Nazareno, el Salvador".
'Soy Yo' Y Jesús está radiante mientras Él se revela a Sus amantes perseverantes, fieles y pacientes.
¡Tú! Oh! Señor, Salvador, nuestro Jesús! 'Los tres hombres se postran en el suelo y besan los pies de Jesús, llorando de alegría.
'Poneos de pie. Levantáos. Elias y tú, Levi y tú, cuyo nombre no sé'.
'José, el hijo de José'.
'Estos son Mis discípulos, Juan, un galileo, Simón y Judas, habitantes de Judea'.
Los pastores ya no están postrados en el suelo, pero de rodillas, sentados sobre sus talones. Y así, ellos adoran al Salvador con ojos de amor y los

labios temblorosos, mientras que sus rostro palidecen y se ruborizan con alegría. Jesús se sienta en el césped.
'No, mi Señor. Tú, Rey de Israel, no debes sentarte en el césped'.
'No importa, Mis queridos amigos. Yo soy pobre. Un carpintero en la medida en que el mundo se refiere. Yo soy rico sólo en Mi amor por el mundo, y en el amor que recibo de la gente buena. He venido para quedarme con vosotros, para compartir la comida de la noche con vosotros y dormir a vuestro lado en el heno, y ser confortado por vosotros... "
'¡Oh! ¡comodidad! Nosotros somos brutos y perseguidos'.
'Soy perseguido, también. Pero vosotros Me dais lo que busco: el amor, la fe y la esperanza, una esperanza que va a durar por años y dará flores. ¿Veis? Vosotros esperabais por Mí y habéis creído, sin la menor duda, que yo era el Mesías. Y Yo he venido a vosotros'.
'¡Oh! ¡Sí! Tú has venido. Ahora bien, aunque me muera, no voy a estar molesto porque no esperé en vano'.

'No, Elías. Vivirás hasta el triunfo de Cristo y después. Tú viste Mi amanecer, tú debes ver Mi gloria. ¿Y qué hay de los otros? Tenías doce: Elías, Levi, Samuel, Jonás, Isaac, Tobías, Jonathan, Daniel, Simeón, Juan, José, Benjamín. Mi Madre siempre Me menciona vuestros nombres. Porque vosotros erais Mis primeros amigos'.
'¡Oh! 'Los pastores están cada vez más conmovidos'.
"¿Dónde están los demás?'

'El viejo Samuel murió de viejo hace unos veinte años. José fue asesinado porque luchó en la puerta del recinto para dar tiempo a su esposa que acababa de ser madre unas horas antes, para escapar con este hombre, a quien tomó conmigo por el bien de mi amigo ... también para tener niños alrededor de mí una vez más. Llevé a Levi también conmigo ... Él fue perseguido. Benjamín es pastor en el Líbano con Daniel. Simeón, Juan y Tobias, que ahora quiere ser llamado Mateo en memoria de su padre, que también fue asesinado, son discípulos de Juan.

Jonás trabaja en la llanura de Esdrelón de un fariseo. Isaac sufre mucho de la espalda que se dobla en dos. Él vive solo en la extrema pobreza en Juta. Nosotros le ayudaremos tanto como podemos, pero todos hemos sido muy afectados y nuestra ayuda es como gotas de rocío en un incendio. Jonathan es ahora el sirviente de uno de los grandes hombres de Herodes'.

'¿Cómo tú y sobre todo Jonathan, Jonás, Daniel y Benjamín obtuvieron esos puestos de trabajo?'
"Me acordé de Tu pariente Zacarías ... Tu Madre me había enviado a él. Cuando estábamos en las gargantas de las montañas de Judea, fugitivos y malditos, los llevé a él. Él era bueno con nosotros. Él nos protegió y nos dió de comer. Y él encontró trabajo para nosotros. Él hizo lo que pudo. Yo ya había tomado toda la manada de Ana para el herodiano ... y me quedé con él ... Cuando el Bautista, convertido en hombre, comenzó a predicar, Simeón, Juan y Tobias fueron a él'.
'Pero ahora el Bautista está en la cárcel'.

'Sí, y ellos están cerca de Maqueronte, con unas cuantas ovejas, para no despertar sospechas. Un

hombre rico les dio la ovejas, un discípulo de Tu pariente Juan'.
'Me gustaría ver a todos'.
'Sí, Mi Señor'. Iremos y les diremos: "Venid, Él está vivo. Él se acuerda de nosotros y nos ama"', 'Y Él quiere que seáis Sus amigos'.
'Sí, Mi Señor'.
"Pero iremos primero con Isaac. ¿Y dónde están enterrados Samuel y José?'
'Samuel en Hebrón. Él permaneció al servicio de Zacarías. José ... no tiene tumba. Fue quemado con la casa'.
'Él ya no está en el cruel fuego, pero en las llamas del amor de Dios y pronto estará en Su gloria. Os estoy diciendo, y sobre todo a ti, José, el hijo de José. Ven acá, para que yo pueda darte un beso para agradecerle a tu padre. '
'¿Y mis hijos?'
'Son ángeles, Elías. Los ángeles que repiten el "Gloria", cuando se coronó el Salvador'.
'¿Rey? '

'No, Redentor. ¡Oh! ¡Una procesión de personas justas y santos! ¡Y delante habrán falanges blancas y moradas de los mártires! Tan pronto como se abran las puertas del Limbo, ascenderemos juntos al Reino eterno. Y entonces vosotros llegaráis y encontraréis sus padres, madres e hijos en el Señor! 'Creedme'.
'Sí, Mi Señor'.
'Llámame: Maestro. Está oscureciendo, la primera estrella de la tarde empieza a brillar. 'Decid vuestra oración antes de la cena'.
'Vosotros no. Tú dila por favor'.
Los discípulos y pastores permanecen de rodillas, mientras que Jesús se levanta y con los brazos extendidos, Él reza:

"Gloria a Dios en las Alturas, y paz en la tierra a los hombres de buena voluntad que han merecido ver la Luz y servirla. El Salvador es uno de ellos. El Pastor de la línea real está con Su rebaño. La estrella de la mañana se ha levantado. ¡Alegraos, gente justa! Regocijaos en el Señor. El que hizo las bóvedas del cielo, y las ha sembrado de estrellas, colocado el mar en los límites de la tierra, Quien creó los vientos y la lluvia, y fija el curso de las estaciones para dar pan y vino a sus hijos, ahora Él os envía un alimento más Sublime: el Pan vivo que desciende del Cielo, el Vino de la vid eterna. Venid a Mí, vosotros sois los primeros de Mis adoradores. Venid a conocer al Padre Eterno en la verdad, para seguirlo en santidad y recibir Su recompensa eterna'.

Los pastores ofrecen pan y leche fresca, y como sólo hay tres calabazos vacías usadas como cuencos, Jesús es el primero en comer, con Simón y Judas. Luego Juan, a quien Jesús entrega Su copa, con Leví y José. Elías es el último.
Las ovejas han dejado de pastorear y ahora están reunidas en un grupo compacto tal vez en espera de ser llevadas a su recinto. Los tres pastores conducen a las ovejas al bosque, a un cobertizo rústico hecho con ramas y rodeado por cuerdas. Entonces afanosamente, hacen las camas de heno para Jesús y sus discípulos, después de lo cual encienden fogatas para mantener a los animales salvajes a distancia.

Judas y Juan acuestan y cansados, y ni bien lo hacen, caen rendidos dormidos. A Simón le gustaría hacer compañía a Jesús pero muy pronto se duerme, sentado en el heno y apoyado contra un poste.

Jesús permanece despierto con los pastores y hablan de José, María, la huida a Egipto, Su regreso ... y después de estas preguntas sobre la amistad amorosa, los pastores hacen preguntas más nobles como lo que pueden hacer para servir a Jesús? ¿Cómo ellos, pobres y brutos pastores, serán capaces de hacer algo?
Y Jesús les enseña y luego explica: 'Ahora iré a través de Judea. Mis discípulos mantendrán en contacto con vosotros todo el tiempo. Más adelante os dejaré venir. Mientras tanto, estad juntos. Aseguráos de que todos vosotros estáis en contacto unos con otros y que todo el mundo sabe que estoy aquí, en este mundo, como Maestro y Salvador. Dejad que todo el mundo lo sepa, lo mejor que pueda. No promete que seráis creídos. Me han burlado y golpeado. Ellos harán lo mismo con vosotros.

Pero vosotros habéis sido fuertes y justos en vuestra larga espera, persisteis en ser así, ahora vosotros sois Míos. Mañana, iremos hacia Juta. Luego a Hebrón. ¿Podéis venir?'
'Por supuesto que podemos. Los caminos son de todos y los pastos de Dios. Sólo Belén está prohibido por un odio injusto. Los otros pueblos saben ... pero se burlan de nosotros, llamándonos "borrachines". Así no vamos a ser capaces de hacer mucho aquí'.
'Os emplearé en otros lugares. Yo no os abandonaré'.
"¿Para todas nuestras vidas?'
'Para todos Mi vida'.
'No, Maestro, moriré primero. Soy viejo'.

'¿Lo crees así? Yo no. Una de las primeras caras que Yo vi, Elías, fue la tuya. También será una de las últimas. Te llevaré Conmigo, impreso en Mis ojos, la imagen de tu rostro trastornado por el dolor de Mi muerte. Pero después, atesorarás en tu corazón el recuerdo de la alegría de una mañana de triunfo y por lo tanto, esperarás la muerte... Muerte: el encuentro eterno con Jesús, a Quien tú adorabas cuando eras un bebé. También entonces los ángeles cantarán la Gloria: "para el hombre de buena voluntad" '.

Jesús En Juta Con El Pastor Isaac.

Es temprano en la mañana y el tintineo plateado de un pequeño torrente llena el valle, sus aguas espumosas fluyen hacia el sur, entre las rocas, la difusión de su frescura florece hacia fuera sobre los pequeños pastos a lo largo de sus orillas, pero su humedad parece subir a las pistas muy verdes de las colinas, desde el suelo a la derecha a través de los matorrales y arbustos de los matorrales y llega hasta la cima de los altos árboles de la madera, en su mayoría las nogales, que le dan a la pendiente de sus hermosos tonos variados de color verde esmeralda. Aquí y allá, en la madera hay muchos espacios verdes abiertos cubiertos de hierba espesa que hace buenos pastos para los rebaños sanos.
Jesús camina hacia el torrente con Sus discípulos y los tres pastores y de vez en cuando, Él se detiene con paciencia para esperar a una oveja que ha quedado atrás o un pastor que ha tenido que correr detrás de un cordero que se ha ido por el camino equivocado- el Buen Pastor, Él se ha provisto a sí Mismo con una larga rama para despejar Su camino desde las ramas de mora, el espino y clematis que sobresalen en todas las direcciones y capturan las prendas de vestir, y el palo completa Su figura pastoral.
'¿Veis? Juta está ahí arriba. Cruzaremos el torrente; hay un vado, que es muy útil en verano,

sin tener que utilizar el puente. Hubiera sido más rápido para llegar a través de Hebrón. Pero Tú no querías que eso'.
No. Iremos a Hebrón después. Siempre debemos ir primero a los que sufren. Los muertos no sufren por más tiempo cuando han sido simplemente personas. Y Samuel fue un hombre justo. Y si los muertos necesitan nuestras oraciones, no es necesario estar cerca de sus huesos para orar por ellos.
¿Huesos? ¿Qué son? Una prueba del poder de Dios que hizo al hombre con polvo. Nada más. También los animales tienen huesos. Pero los esqueletos de los animales no son tan perfectos como el esqueleto de un hombre. Sólo el hombre, el rey de la creación, tiene una posición vertical, como un rey sobre sus súbditos, y su rostro se ve hacia adelante y hacia arriba, sin tener que girar el cuello; hombre mira hacia arriba, hacia la Morada del Padre. Pero no dejan de ser huesos. Polvo que volverá al polvo. La Generosidad eterna ha decidido convocar de nuevo en el día eterno para dar una alegría aún mayor a las almas benditas.
Imaginaos: no sólo las almas se unirán y se amarán unas a otras como y más aún de lo que lo hicieron en la tierra, sino que también se alegrarán de verse las unas a las otras con las mismas características que tenían en la tierra: los queridos niños de pelo rizado, como el tuyo, Elías, padres y madres con corazones llenos de amor y rostros como los vuestros Leví y José. Antes, en tu caso José, será el día en que por fin verás las caras de los que sientes nostalgia. Ya no hay más huérfanos, no hay viudas entre los justos, allí arriba ...
Oraciones por los muertos pueden ser dichas en cualquier lugar. Es la oración de un alma por el alma de un familiar para que el Espíritu Perfecto,

que es Dios, Quien está en todas partes. ¡Oh! ¡santa libertad de lo que es espiritual! No hay distancias, ni exilio, ni cárceles, ni tumbas ... No hay nada que pueda dividir o restringir en la impotencia dolorosa lo que está fuera y por encima de las cadenas de la carne. Vosotros iréis con vuestra mejor parte, hacia sus seres queridos. Y ellos vendrán a vosotros con su mejor parte.
Y toda la efusión de las almas amorosas girará alrededor del Fulcro Eterno, alrededor de Dios: el Espíritu Más Perfecto, el Creador de todo lo que fue, es y será, el Amor que os ama y os enseña cómo amar ... Pero aquí estamos en el vado. Puedo ver una hilera de piedras que emergen de las aguas poco profundas'.
'Sí, Maestro, hay uno allí. En el tiempo de las inundaciones, es una cascada rugiente. Ahora hay siete arroyos que fluyen plácidamente entre las seis grandes piedras del vado'.
Llegan al cruce en el que se establecen seis grandes piedras de corte cuadrado alrededor de un pie de distancia la una de la otra, a través del torrente y el agua, que llega a las piedras en una gran cinta gaseosa, se dividen en siete los menores que se precipitan feliz de volver a reunirse juntas de nuevo más allá del vado, para formar de nuevo una corriente fresca que fluye, balbuceando entre las piedras.
Los pastores observan el cruce de las ovejas, algunas caminando sobre las piedras, otras prefieren cruzar el arroyo que está a sólo un pie de profundidad y beben el agua pura gorgoteando. Jesús crtuza en las piedras, seguido de Sus discípulos y ellos reanuda su caminata en la otra orilla.
'Me dijiste que Tú quieres informarle a Isaac que Tú estás aquí, ¿pero no quieres ir al pueblo?'
'Sí, eso es lo que quiero'.

Bueno, nosotros tuvimos la mejor que parte. Iré con él, Leví y José se quedarán con la manada y Contigo. Yo iré por aquí. Será más rápido'.
Y Elías empieza a subir por la ladera de la montaña, hacia las casas blancas que son tan brillantes a la luz del sol.
Él llega a las primeras casas y va a lo largo de un pequeño camino entre las casas y los huertos familiares y camina así durante unos diez metros y luego se convierte en un camino y entra a la plaza mayor.
El mercado de la mañana todavía está en la plaza y las amas de casa y los vendedores gritan debajo de las sombras de la plaza.

Sin detenerse, Elías se mueve resueltamente hasta el final de la plaza y una calle atractiva comienza, a una casita, o más bien, una habitación con la puerta abierta. Casi en su umbral, en una pequeña cama yace un hombre enfermo demacrado pidiendo a los transeúntes limosna con una voz lastimera. Elías se precipita.
'Isaac ... soy yo'.
'¿Tú? No te esperaba. Estuviste aquí el mes pasado'.
'Isaac ... Isaac ... ¿Sabes por qué he venido?'
'No, yo no ... tú estás entusiasmado. ¿Qué está pasando?'
'He visto a Jesús de Nazaret, Él es un hombre, ahora, un rabino. Él vino a buscarme ... y Él quiere vernos. ¡Oh! ¡Isaac! ¿No quieres tú también?'
Isaac, de hecho, ha caído de nuevo, como si se estuviera muriendo. Pero él se levanta: 'No. la noticia ... ¿Dónde está? ¿Cómo es Él? Oh! Si pudiera Verlo! '
'Él está abajo en el valle. Él me envió a decirte exactamente esto: "Ven, Isaac, porque quiero verte

40

a ti y te bendeciré". Voy a llamar a alguien para que me ayude ahora y te llevaré abajo'.
'¿Es eso lo que Él dijo?'
'Sí, lo es. Pero, ¿qué estás haciendo?'

'Me voy'.
Isaac arroja por tierra las mantas, mueve sus piernas paralizadas, las arroja en el colchón de paja, él pone los pies en el suelo, se levanta, todavía un tanto vacilante y tembloroso. Todo sucede en un instante, bajo los ojos bien abiertos de Elías ... que al fin comprende y comienza a gritar ... Una pequeña mujer se ve en la curiosidad. Ella ve al hombre enfermo de pie y cubrirse con una de las mantas, ya que él no tiene nada más, y sale corriendo, gritando como un loco.

'Vamos ... este camino, será más rápido y no nos encontraremos con la multitud ... Rápido, Elías.
'Ellos corren a través de una pequeña puerta de un jardín de la cocina en la parte de atrás, empujan la puerta, hecha de ramas secas, y una vez fuera, se van a lo largo de un camino sucio estrecho, luego, en una pequeña calle junto huertas y, finalmente, a través de prados y matorrales, hasta el torrente.
'Está Jesús, por allá ", dice Elías, señalándolo. 'Él, alto y guapo, con el pelo rubio, con una túnica blanca y manto rojo ... '
Isaac corre, corta a través del pastoreo de ovejas, y con un grito de triunfo, alegría y adoración se postra a los pies de Jesús .
'Levántate Isaac. Yo he venido. Para lograr la paz y las bendiciones. Levántate, para que yo pueda ver tu cara'.
Pero Isaac no se pone de pie, abrumado por la emoción como él está y permanece postrado, con la cara en el suelo, gritando alegremente.
'Tú viniste. Tú no te preocupaste si podría ... "
'Tú me dijiste que viniera ... y vine'.

'Él ni siquiera cerró la puerta o recogió las limosnas, Maestro'.
'No importa. Los ángeles vigilarán su casa. ¿Estás feliz, Isaac?'
'¡Oh! Mi Señor!'
'Llámame Maestro.'
'Sí, mi Señor, mi Maestro. Incluso si Tú no me hubieras curado, yo habría sido feliz de verte. ¿Cómo podría encontrar tanta gracia Contigo?'
'A causa de tu fe y paciencia, Isaac. Sé lo mucho que sufriste ...'
'¡Nada! nada! No importa! Te he encontrado a Ti. Estás vivo. Tú te encuentras aquí. Eso es lo que importa. El resto, todo el resto ha terminado. Pero, mi Señor y mi Maestro, Tú no desaparecerás nunca más, no es así?'
'Isaac, tengo todo Israel para evangelizar. Me voy ... Pero si no me puedo quedar, siempre puedes Servirme y Seguirme. ¿Quieres ser Mi discípulo Isaac?'
'¡Oh! Pero yo no soy capaz!'
'¿Puedes reconocer Quién soy yo? Admitir contra burlas y amenazas? ¿Y decirle a la gente que te llamé y te encontré?'
"Incluso si Tú no quieres, me gustaría confesar todo eso. Te desobedecería Maestro. Perdona que Te lo diga'.
Jesús sonríe. 'Se puede ver entonces que tú ees capaz de convertirte en un discípulo!'
'¡Oh! ¡Si eso es todo lo que uno tiene que hacer! Pensé que era más difícil, que teníamos que ir a la escuela con los rabinos para aprender cómo servirte a Ti, el Rabino de rabinos ... ir a la escuela a mi edad ... 'El hombre, de hecho, debe tener por lo menos cincuenta años'.
'Tú ya ha hecho tu escolarización Isaac.'
'¿Yo? No'

'Sí, lo hiciste. ¿No han seguido creyendo y el amor, el respeto y la bendición a Dios y al prójimo, sin ser envidioso, no deseando lo que pertenece a otras personas, e incluso lo que fuera tuyo y que ya no posees, para hablar sólo la verdad, incluso si debe ser perjudicial para ti, no asociarse con Satanás cometiendo pecados? ¿No hiciste todas estas cosas en los últimos treinta años de desgracias?'
'Sí, Maestro'.
'Así que ya ves, que has hecho tu escolaridad. Hazlo y además, revela al mundo que Yo estoy en el mundo. No hay nada más que hacer'.

'Yo ya he predicado, Señor Jesús. Yo Te prediqué a los niños, que solían venir, cuando llegué cojo en este pueblo, pidiendo pan y haciendo algunos trabajo, tales como corte y lechero y los niños solían venir alrededor de mi cama, cuando me agravé y estaba paralizado de la cintura hacia abajo. Hablé de Ti a los niños de hace muchos años, y para los hijos de los tiempos actuales, que son los hijos de los anteriores ... Los niños son buenos y siempre creo ... Yo les dije de Tu nacimiento ... de los ángeles ... de la Estrella y los Reyes Magos ... y de Tu Madre ... ¡Oh! Dime! ¿Está viva Ella? '
'Ella está viva y te envía sus saludos. Ella siempre hablaba de todos vosotros'.
'¡Oh! Si pudiera verla!'
'La verás. Vendrás a Mi casa un día. María te dará la bienvenida diciendo: "Mi amigo"'.

'María ... sí, cuando pronuncias ese nombre, es como llenar la boca con miel ... Hay una mujer en la Juta, ella es una mujer ahora, tuvo su cuarto hijo no hace mucho tiempo, pero una vez cuando ella era una niña, una de mis pequeñas amigas ... y llamó a sus hijos: María y José los dos primeros,

y como ella no se atrevía a llamar al tercero Jesús, lo llamó Emanuel, como un buen augurio para ella misma, su hogar e Israel. Y ella está pensando en un nombre para darle a su cuarto hijo, que nació hace seis días. Oh! ¡Cuando se entere de que estoy curado! ¡Y que Tú estás aquí! Sara es tan buena como el pan hecho en casa, y su marido Joaquín también es muy bueno. ¿Y sus familiares? Les debo mi vida. Siempre me han ayudado y protegido'.
'Iremos y les pedimos hospitalidad durante las horas más calurosas del día y que los bendiga por su caridad'.

'Este camino, el Maestro. Es más fácil para las ovejas y evitaremos a las personas, que están sin duda emocionados. La anciana, que vio levantarme, seguro les habrá dicho. 'Ellos siguen el torrente, saliendo de el, más al sur, para tomar un sendero escarpado a lo largo de la forma de la proa de un barco de la montaña, se mueven en la dirección opuesta al torrente ahora corriendo a lo largo de un hermoso valle irregular formado por la intersección de dos cadenas montañosas.
Un pequeño muro de piedra secas marca los límites de la finca que declina hacia el valle. En el prado, hay manzanos, higueras y nogales, un huerto con un pozo, la pérgola y camas de flores y más adelante, una casa blanca rodeada de zonas verdes, con un ala saliente que protege la escalera y forma un porche y logia con una pequeña cúpula en la parte más alta.
Hay muchos gritos procedentes de la casa. Caminando adelante, Isaac entra y llama con voz fuerte: '¡María, José, Emmanuel! ¿Dónde estáis? Venid a Jesús'.
Tres pequeños: una niña de unos cinco años de edad, y dos pequeños niños, cerca de cuatro y dos

años de edad, corren hacia Isaac, el más pequeño todavía algo incierto sobre sus piernas. Están estupefactos al ver al hombre ... revivido. Entonces la niña grita: '¡Isaac ! ¡Mamá! Isaac está aquí! Judith tenía razón'.

Una mujer alta y rolliza, marrón, encantadora emerge de una habitación ruidosa, más hermosa en su mejor vestido: un vestido de lino blanco como la nieve, como una camisa rica cayendo arrugada hasta los tobillos. Está atada a la cintura bien formada con un chal de rayas multicolor que cubre sus caderas maravillosas cayendo en flecos hasta las rodillas en la parte trasera. En la parte delantera, la camisa se ata debajo de la hebilla de filigrana y sus extremos quedan sueltos.

Un ligero velo decorado con ramas rosadas sobre un fondo de color beige se fija en sus trenzas negras, como un pequeño turbante, y cae en el cuello en que fluye pliegues y luego sobre sus hombros y pechos. Agarrada con fuerza en la cabeza tiene una pequeña corona de medallas unidas por una cadenita. Anillos pesados cuelgan de sus orejas, y su túnica se mantiene cerca de su cuello un collar de plata que pasa a través de los ojales de su vestido. Y tiene pulseras de plata pesadas en los brazos.

'¡Isaac! ¿Qué es esto? Judith ... pensé que se había vuelto loca ... ¡Pero tú estás caminando! ¿Qué pasó? '

'¡El Salvador! Oh! Sarah! Él está aquí! Él ha venido!

'¿Quién? ¿Jesús de Nazaret? ¿Dónde está Él? '
'¡Por ahí! Detrás del nogal, y Él quiere saber si vas a recibirlo! '
'¡Joaquín! ¡Madre! Ven aquí, todos vosotros! El Mesías ya está aquí! '
Mujeres, hombres, niños, pequeños corren gritando y gritando ... pero cuando ven a Jesús,

46

alto y majestuoso, se desaniman y se vuelven petrificados.

'Paz a esta casa y para todos vosotros. La paz y la bendición de Dios'. Jesús camina lentamente, sonriendo, hacia el grupo. 'Mis amigos: ¿os darán hospitalidad al Caminante? "Y Él sonríe aún más. Su sonrisa supera todos los miedos. El marido tiene corazón: ' Ven, Mesías. Te hemos amado antes de Conocerte. Vamos a amarte más después de Conocerte. La casa está celebrando hoy en día, por tres razones: por Ti, por Isaac y por la circuncisión de mi tercer hijo. Bendícelo, Maestro. Mujer, ¡trae al bebé! Entra, mi Señor.

Entran en una habitación decorada para la fiesta. Hay mesas con productos alimenticios, alfombras y ramas por todas partes.
Sara regresa con un bebé recién nacido adorable en sus brazos y se lo presenta a Jesús.
'Que Dios esté siempre con él. ¿Cuál es su nombre? '
'No tiene nombre todavía. Esta es María, este es José, este es Emanuel ... pero éste no tiene nombre todavía ... ' Jesús mira a los padres, que están cerca de la otra, sonríe: " Buscad un nombre, si ha de ser circuncidado hoy ... ' ellos se miran, miran a Jesús, abren la boca y cierran de nuevo sin decir nada. Todo el mundo está prestando atención.

Jesús insiste: 'La historia de Israel tiene tantos grandes, dulces y benditos nombres. Ya os han dado los más dulces y benditos. Pero tal vez todavía quede uno'.
Los padres gritan juntos: " El Tuyo, Señor! ' y la madre añade: "Pero es demasiado santo ...'

Jesús sonríe y pregunta: '¿Cuándo será circuncidado?'
'Estamos esperando a la persona'.
'Estaré presente en la ceremonia. Y, mientras tanto, me gustaría daros las gracias por lo que habéis hecho por Mi Isaac. Ya no necesita la ayuda de gente buena. Pero las buenas personas todavía necesitan a Dios. Vosotros llamaron a vuestro tercer hijo: Que Dios esté con nosotros. Pero vosotros teníais a Dios con vosotros desde que sois caritativos con Mi siervo. Que seais benditos. Vuestra caridad será recordada en el Cielo y en la tierra'.

'¿Isaac se irá ahora? ¿Nos está dejando? '
'¿Eso os molesta? Pero tiene que servir a su Maestro. Pero él volverá, y también lo haré Yo. Mientras tanto, vosotros hablarais del Mesías ... ¡Hay tanto que decir para convencer al mundo! Pero aquí está la persona que vosotros estáis esperando'.
Un personaje pomposo llega con un sirviente. Hay saludos y reverencias. '¿Dónde está el niño?', él pregunta con arrogancia.
'Él está aquí. Pero saluda al Mesías. Él está aquí'.

'¡El Mesías! ¿El que curó a Isaac? Oí hablar de Él. Pero... Vamos a hablar de eso después. Estoy apurado. El niño y su nombre'.
Las personas presentes están mortificados por los modales de él. Pero Jesús sonríe como si la mala educación no fuese sido dirigida a él. Él toma al bebé, le toca su pequeña frente con Sus hermosos dedos, como si Él quisiera consagrarlo y dice: " Su nombre es Jesai 'y luego se lo entrega a su padre, quien va a otra habitación con el hombre altivo y otras personas. Jesús se queda donde está hasta

que regresan con el niño, que grita desesperadamente.
"Mujer, dame al niño. No gritará por más tiempo - Dice para consolar a la madre angustiada. De hecho, el niño, una vez que se coloca sobre las rodillas de Jesús, se vuelve silencioso.

Jesús forma un grupo de los Suyos, con los más pequeños alrededor de Él, y también los pastores y discípulos. Las ovejas que Elías ha puesto en un recinto están balando afuera. Hay ruido de una fiesta en la casa. Ellos le dan dulces y bebidas a Jesús. Pero Jesús los reparte a los más pequeños.
'¿No estás bebiendo Maestro? Tú no tendrás nada. Estamos ofreciendola calurosamente'.

'Lo sé, Joaquín, y lo acepto de todo corazón. Pero Permítanme dejar a los más pequeños felices primero. Ellos son Mi alegría ...'
'No prestes atención a aquel hombre, Maestro'.
'No, Isaac. Rezar para que vea la Luz. Juan, toma a los dos niños pequeños para que vean a las ovejas. Y tú, María, ven más cerca de Mí y dime, ¿Quién soy yo ? '
"Tú eres Jesús, el Hijo de María de Nazaret, nacido en Belén. Isaac Te vió y él me dijo el nombre de Tu Madre, para que pueda ser buena'.
'Para imitarla a Ella, debe ser tan buena como un ángel de Dios, más pura que un lirio que florece en la cima de una montaña, tan piadosa como el Levita más sagrado. ¿Serás así? '
'Sí, Jesús, lo serás'.
'Di: Maestro o Señor, pequeña niña'.

'Deja que me llame por Mi nombre, Judas. Sólo cuando es pronunciada por los labios inocentes, no pierde el sonido que tiene en los labios de Mi Madre. Todo el mundo, a lo largo de los siglos futuros, mencionará ese nombre, algunos debido a un interés u otro, unos para maldecirlo. Sólo las personas inocentes, sin interés ni odio, lo pronunciarán con el mismo amor de esta niña y Mi Madre. También los pecadores Me invocarán, porque necesitan la misericordia. ¡Pero Mi Madre y los más pequeños! ¿Por qué Me llamas Jesús? 'Él pregunta, acariciando a la niña.

'Porque Te amo ... como yo amo a mi padre, madre y mis hermanos pequeños', responde ella, abrazando las rodillas de Jesús, y sonriendo con la cabeza vuelta hacia arriba. Y Jesús se inclina y la besa.

Jesús En Hebrón. La Casa De Zacarías. Aglae.

'¿A qué hora vamos a llegar? pregunta Jesús, caminando en el centro del grupo detrás de las ovejas, pastando en la hierba en las orillas.
'A eso de la tercera hora. Está a casi diez mill,as responde Elías.
'¿Vamos a Queriot después? ' Pregunta Judas.
'Sí, vamos a ir allí'.
'¿No era más rápido ir a Kerioth desde Juta? No puede haber una gran distancia. ¿Eso es correcto, pastor? '
'Es dos millas más largo, más o menos'.
'Este camino, vamos a estar haciendo más de veinte por nada'.
'Judas, ¿por qué estás tan preocupado? '
'No estoy preocupado, Maestro. Pero me prometiste que Tú vendrías a mi casa'.
'Y Yo lo haré. Siempre mantengo Mis promesas. "
'Le envié un mensaje a mi madre ... y después de todo, Tú mismo lo dijiste, se puede estar cerca de los muertos, también con el alma'.

"Yo lo hice. Pero piensa, Judas: todavía no has sufrido por Mi culpa. Estas personas han estado sufriendo desde hace treinta años, y nunca han traicionado, ni siquiera Mi memoria. No sabían si estaba vivo o muerto ... y sin embargo, se mantuvieron fieles. Se acordaron de Mí cuando era un bebé recién nacido un bebé con nada más que las lágrimas y la necesidad de la leche ... y siempre Me han adorado como Dios. A causa de Mí ellos han sido golpeados, maldecidos y perseguidos como si fueran la desgracia de Judea, y sin embargo, su fe nunca ha flaqueado. Tampoco se marchitan bajo los golpes, por el contrario, tuvo raíces más profundas y se hicieron más fuertes'.

'Por cierto. Durante varios días he estado ansioso por hacerte una pregunta. Estas personas son Tus amigos y los amigos de Dios, ¿no es así? Los ángeles los bendecidos con la paz del Cielo, ¿no? Ellos han sido fieles en contra de todas las tentaciones, ¿no es así? ¿Podría explicarme entonces, por qué no están contentos? Y ¿qué pasa con Ana? La mataron porque ell Te amaba ... '

'¿Estás, por tanto, deduciendo que ser amado por Mí o amarme a Mí trae mala suerte?'

'No ... pero ...'
Pero tú eres. Lamento verte tan cerrado a la Luz y tan abierto a las cosas humanas. No, no importa Juan y tú también, Simón. Yo prefiero que él

hable. Nunca reprocho. Yo sólo quiero que abráis vuestras almas a Mí para que pueda iluminaros. Ven aquí, Judas, escucha. Tú te estás basando en una opinión que es común a muchas personas de nuestro tiempo y será común para muchos en el futuro. Yo dije: una opinión. Debería decir: un error. Pero ya que no lo haces por maldad, sino por ignorancia de la verdad, no es un error, es sólo una opinión errónea como la de un niño. Y tú eres como los niños, Mis pobres hombres. Y Yo estoy aquí, como Maestro, para convertiros en adultos, capaces de decir la verdad de lo falso, el bien del mal y lo que es mejor de lo que es bueno. Escuchadme, por lo tanto.

¿Qué es la vida? Se trata de un período de pausa, yo diría que el limbo del Limbo, que el Padre Dios os concede como prueba para determinar si vosotros sois buenos o malos niños, después de lo cual Él asignará, de acuerdo con vuestras obras, una vida futura sin pausas o ensayos. Ahora decidme: ¿sería justo si un hombre, simplemente porque se le ha concedido el raro don de estar en la posición de servir a Dios de una manera especial, tenga también una riqueza eterna toda su vida? ¿Creéis que ya se ha concedido un gran acuerdo y por lo tanto puede considerarse feliz, incluso si las cosas humanas están en su contra? ¿No sería injusto que él, que ya cuenta con la luz de la revelación divina en su corazón y la sonrisa de una conciencia limpia, también deba tener honores mundanos y riqueza? ¿Y no sería imprudente?
'Maestro, yo también diría que sería un profanador. ¿Por qué poner alegrías humanas donde Tú ya estás? Cuando uno tiene Te tiene - y ellos Te tenían, son las únicas personas ricas en Israel, porque Te han tenido a Ti durante treinta

años - uno debe tener nada más. No ponemos las cosas humanas en el propiciatorio ... y el jarrón consagrado se utiliza únicamente para usos sagrados. Y estas personas son consagrados desde el día que vieron Tu sonrisa ... y nada más que Tú entras en sus corazones, que Te poseen. ¡Me gustaría ser como ellos!, dice Simón.

Pero tú no perdiste el tiempo, inmediatamente después de ver al Maestro y ser curado, volviste a tu propiedad 'Judas responde sarcásticamente.
'Eso es cierto. Dije que lo haría y lo hice. Pero, ¿sabes por qué? ¿Cómo puedes juzgar si tú no conoces toda la situación? Mi representante se le dio instrucciones precisas. Ahora que Simón Zelote se ha curado - y sus enemigos ya no puede hacerle daño, ni tampoco pueden perseguirlo porque pertenece solo a Jesús y a ninguna secta: él tiene Jesús y nada más - Simón puede disponer de su riqueza que un siervo honesto y fiel siervo guarda para él. Y yo, que soy el dueño de un breve tiempo más, di instrucciones de que la propiedad debería ser reorganizada, por lo que iba a obtener más dinero al venderla y yo sería capaz de decir ... no, yo no estoy diciendo que'.
'Los ángeles dicen, Simón y ellos están escribiendo en el libro eterno', dice Jesús.
Simón mira a Jesús. Sus ojos se encuentran: expresan la sorpresa de Simón, la aprobación de la bendición de Jesús.

'Como es habitual. Estoy equivocado'.
'No, Judas. Tú tienes un sentido práctico, tú mismo lo dijiste'.
'¡Oh! pero con Jesús! ... También Simón Pedro estaba llena de sentido práctico, ahora en su lugar!
... Tú también, Judas, va a ser como él. Sólo has estado con el Maestro por un corto tiempo, hemos

55

estado más tiempo con Él, y ya estamos mejor ',
dice Juan, que siempre es amable y conciliador.
'Él no me quería. De lo contrario hubiera sido Suyo
desde la Pascua', dice Judas lastimosamente.
Jesús pone fin a la discusión preguntando a Levi:
'¿Has estado alguna vez en Galilea?'
'Sí, mi Señor'.
'Tú vendrás Conmigo para llevarme a Jonás. ¿Lo
conoces? '
'Sí, lo conozco. Siempre nos encontramos en la
Pascua. Yo solía ir a verlo entonces'.
José, mortificado, baja la cabeza. Jesús lo nota y
dice: 'Vosotros no podéis venir ambos. Elías se
quedaría solo con las ovejas. Pero tú vendrás
Conmigo hasta Jericó donde nos separaremos por
un tiempo. Te diré más tarde lo que tienes que
hacer'.
'¿Qué pasa con nosotros? ¿Haremos algo? '
'Sí, lo harás, Judas, lo harás'.
'Hay algunas casas allí', dice Juan, caminando
unos pasos por delante de los demás.

'Es Hebrón. Entre dos ríos con su cresta. V¿es
Maestro? Esa casa de allí, en medio de todo el
verde, un poco más arriba que las demás? Esa es
la casa de Zacarías.
'Aceleremos nuestros pasos'.
Las pequeñas pezuñas de las ovejas sonaban como
castañuelas en las piedras desiguales de la
carretera asfaltada, acelerando su ritmo, cubriendo
rápidamente el último tramo de la carretera y
entrando en el pueblo.
La gente mira al grupo de hombres, tan diferentes
por la mirada, la edad y las prendas entre las
ovejas blancas. Llegan a la casa.
'¡Oh! ¡Es diferente! Había una puerta aquí!' dice
Elías. Ahora, en su lugar, hay una puerta de metal
que impide ver, y también la pared del recinto más

alta que un hombre y por lo tanto nada puede ser visto en el interior.
'Tal vez se abra en la parte posterior. 'Ellos van en torno a un gran muro rectangular pero encuentran que tiene la misma altura en todo el.
'El muro fue construido no hace mucho tiempo', comenta Juan, examinándolo. 'No hay un rasguño en él y todavía hay escombros de cal en el suelo'.
'Ni siquiera puedo ver el sepulcro ... Estaba cerca de la madera. Ahora la madera está fuera de la pared y ... y parece pertenecer a todos. Ellos están reuniendo leña en él. 'Elías está desconcertado.
Un hombre de aspecto pequeño pero fuerte, un viejo leñador, que está mirando al grupo, deja de cortar un tronco en el suelo y se dirige hacia el grupo. '¿A quién buscáis?'
'Queríamos ir a rezar en la tumba de Zacarías'.
'Ya no hay ninguna tumba. ¿No lo sabéis? ¿Quién sois vosotros? '
'Soy amigo de Samuel, el pastor. Este ...'
'No es necesario Elías, dice Jesús y Elías se mantiene en silencio.

¡Ah! Samuel! ... ¡Ya veo! Pero desde que Juan, hijo de Zacarías, fue puesto en la cárcel, la casa ya no es suya. Y es una desgracia porque todos los beneficios de su propiedad le fueron otorgados a la gente pobre en Hebrón. Una mañana llegó un hombre de la corte de Herodes, expulsó a Jowehel , él colocó sellos, luego regresó con los albañiles y comenzaron a levantar la pared ... El sepulcro estaba allá en la esquina . Él no lo quería ... y una mañana encontramos todo estropeado y medio destruido ... los pobres huesos esparcidos ... Los pusimos juntos otra vez, así como pudimos ...
Ellos se encuentran ahora en un sarcófago ... Y en la casa del sacerdote, Zacarías, donde el hombre asqueroso guarda sus amantes. Ahora hay un

mimo de Roma. Es por eso que él levantó la pared.
Él no quiere que la gente vea ... ¡La casa del
sacerdote es un burdel! ¡La casa del milagro y del
Precursor! Porque es ciertamente para él, si él no
es el Mesías.

¡Y la cantidad de problemas que tuvimos por el
Bautista! ¡Pero él es nuestro gran hombre! ¡Él es
realmente genial! Incluso cuando él nació allí fue
un milagro. Isabel era tan vieja como un cardo
marchito pero ella llegó a ser tan fructífero como
una manzana en Adar * y ese fue el primer
milagro. Luego, una prima suya vino, y Ella era
una mujer santa y Ella le sirvió y al sacerdote sin
lengua. Su nombre era María. La recuerdo aunque
La vimos muy raramente. Cómo sucedió que no lo
sé. Dicen que para hacer feliz a Isabel, Ella hizo
que Zacarías pusiera su boca muda contra Su
pecho embarazada o que Ella puso sus dedos en la
boca. No sé. Es un hecho que después de nueve
meses de silencio, Zacarías habló alabando al
Señor y diciendo que había un Mesías. No explicó
más. Pero mi esposa estaba allí ese día y ella me
aseguró que Zacarías, alabando al Señor, dijo que
su hijo le precedería. Ahora digo: no es lo que la
gente cree. Juan es el Mesías y él va ante el Señor,
como Abraham iba delante de Dios. Eso es lo que
es. ¿No estoy en lo correcto?'.

* Adar es el sexto mes del calendario judío,
comprendido entre febrero y marzo.

'Tienes razón en lo que respecta al espíritu del
Bautista, que procede siempre delante de Dios.
Pero tú no tienes razón con respecto al Mesías'.
'Bueno, la mujer que dijo que Ella era la Madre del
Hijo de Dios - Samuel lo dijo - no era cierto que
Ella lo era? ¿Ella sigue viva? '

'Sí, lo era. El Mesías nació, precedido por el que levantó su voz en el desierto, como lo dijo el Profeta'.
"Tú eres el primero en decirlo. Juan, la última vez que Jowehel le llevó una piel de oveja, lo que hacía cada año a principios de invierno, a pesar de ser interrogado sobre el Mesías, no dijo: " El Mesías está aquí. " Cuando él lo diga entonces ...'
'Hombre, yo era un discípulo de Juan y le oí decir " He aquí el Cordero de Dios ", apuntando a ... ", dice Juan.

'No, no. Él es el Cordero. Un verdadero Cordero que creció por sí mismo, casi sin la necesidad de un padre y una madre. Tan pronto como llegó a ser un hijo de la Ley, vivió aislado en las cuevas de la montaña con vistas al desierto, y él creció allí conversando con Dios. Isabel y Zacarías murieron, y él no vino. Sólo Dios era su padre y su madre. No hay hombre santo mayor que él. Tú puedes preguntarle a todo el mundo en Hebrón. Samuel solía decir que sí, pero la gente de Belén debe haber tenido razón. Juan es el hombre santo de Dios'.
'Si alguien te dijo: 'Yo soy el Mesías', ¿qué le dirías? ' Pregunta Jesús.
'Yo lo llamaría " blasfemo " y lo llevaría en carro, tirándole piedras a él'.
'¿Y si él hiciera un milagro para probar que él es el Mesías?'
'Yo diría que estaba" poseído". El Mesías vendrá cuando Juan revele su verdadera naturaleza. El mismo odio de Herodes es la prueba. Astuto como él es, él sabe que Juan es el Mesías'.
'Él no nació en Belén'.
'Pero cuando sea liberado, después de anunciarse a sí su inminente venida, él se manifestará en Belén. También Belén está esperando eso.

Mientras que ... ¡Oh! Vaya, si tú tienes valentía, y hablas con los habitantes de Belén de otro Mesías ... y verás ... "

¿Tienes una sinagoga?

Sí, a unos doscientos pasos adelante. Tú no puedes equivocarte. Cerca de ella se encuentra el sarcófago con los restos violados'.

'Adiós, que Dios te ilumine'.

Se van, hacen un giro a la derecha delantera de la casa y encuentran, en su puerta, una joven y bella mujer vestida con descaro. "Mi Señor, ¿quiere entrar en la casa? Entre."

Jesús se le queda mirando tan serio como un juez, pero no habla. Pero Judas si, con el apoyo de todos los demás.

'¡Vuélvete, mujer desvergonzada! No nos profanes con tu respiración, perra voraz'.

La mujer se ruboriza, baja la cabeza y está a punto de desaparecer avergonzada y burlada por pilluelos y transeúntes.

'Quién es tan puro como para decir: '¿Nunca he deseado la manzana ofrecida por Eva?' Jesús pregunta, con severidad. 'Mostradme a él y lo voy a llamar a un hombre santo. ¿Nadie? Bueno, entonces, sino por el asco, pero con debilidad, os sentís incapaces de acercaros a esta mujer, vosotros podéis retiraros. No voy a obligar a los débiles a luchas desiguales. Mujer, Me gustaría entrar. Esta casa pertenecía a un pariente Mío y es estimado por Mí'.

'Adelante, mi Señor, si Tú no me odias.

'Deja la puerta abierta, para que el mundo vea y no haga chismes ... '

Jesús entra, serio y solemne.

La mujer, sometida, se postra delante de Él, y no se atreve a moverse. Pero las burlas de la gente la

cortan rápido por lo que ella se escapa al final del jardín, mientras que Jesús llega hasta el pie de la escalera. Él mira a través de las puertas entreabiertas, pero no entra. Luego va al lugar donde estaba el sepulcro, donde ahora hay un pequeño templo pagano.
'Los huesos de los justos, también cuando está secos y dispersos, rezuman un bálsamo purificador y propagan semillas de la vida eterna. ¡Paz a los muertos que vivieron haciendo el bien! Paz a la pura que duermen en el Señor! ¡Paz a los que sufren, pero no conocieron el vicio ! ¡Paz a los grandes de verdad del mundo y del Cielo! Paz! '

Caminando a lo largo del seto de protección, la mujer ha llegado a Jesús.
'¡Señor mío! '
'Mujer'.
'Su nombre, mi Señor. '
'Jesús'.
'Nunca lo escuché. Yo soy romana: un mimo y bailarina. Yo soy experta sólo en la lujuria. ¿Cuál es el significado de Tu nombre? Mi nombre es Aglae y ... y significa: 'Vicio'.
'El Mío significa: Salvador'.
'¿Cómo salvas? ¿Y a quién? '
'A los que están ansiosos de ser salvados. Salvo enseñando a ser puros, a preferir penas a los honores, a desear lo bueno a toda costa. 'Jesús habla sin amargura, sin siquiera voltearse hacia la mujer.
'Estoy perdida ... '
'Yo soy Al que buscan que se han perdido'.
'Estoy muerta'.
"Yo soy El que da la vida'.
"Yo soy la suciedad y la falsedad'.
"Yo soy la Pureza y la Verdad'.

'Tú eres también generoso, Tú no me miras. Tú no me tocas, Tú no me pisoteas. Ten piedad de mí ...'
'En primer lugar, tú debes tener piedad de ti misma. De tu alma'.
'¿Qué es el alma?'
'Es lo que hace un dios del hombre y no un animal. El vicio y el pecado la matan y una vez que es asesinada, el hombre se convierte en un animal repulsivo'.
'¿Será posible para mí que vuelva a Verte?'
'Quién Me busca, Me encuentra'.
'¿Dónde vives Tú?'
'Dónde corazones necesitan médicos y medicinas para convertirse honestos de nuevo'.
'En ese caso ... No voy a Verte de nuevo ... Yo vivo donde no se busca ningún médico, la medicina o la honestidad'.
'Nada te impide llegar a donde Yo estoy. Mi nombre será gritado en las calles y te alcanzará. Adiós'.
'Adiós, mi Señor. Permíteme que te llame "Jesús". ¡Oh! ¡No por la familiaridad !
'Sino ... que un poco de la salvación puede venir a mí. Soy Aglae, recuérdame.
'Lo haré. Adiós'.
La mujer se queda en el fondo del jardín mientras que Jesús sale viéndose serio y un sirviente cierra la puerta. Él mira a todo el mundo, ve a la perplejidad de Sus discípulos y escucha abucheos de los hebronitas.
Caminando recto a lo largo del camino, Jesús golpea en la sinagoga y un hombre resentido se asoma.
'La sinagoga está prohibida, es un lugar santo, a aquellos que tratan con las prostitutas.
'Fuera', dice el hombre, ni siquiera le da a Jesús tiempo de hablar.
Sin una respuesta, Jesús se aparta y sigue caminando por la carretera, seguido de Sus

discípulos.
Fuera de Hebrón, comienzan a hablar.
'Tú te metiste en problemas, Maestro', dice Judas.
'¡Una prostituta, de todas las personas! '
'Judas, yo te digo que ella te superará. Y ahora, ya que tú estás reprochándome a Mí, ¿qué me dices de los judíos? En los lugares más santos de Judea hemos sido burlados y ahuyentados ... Esa es la verdad. El día llegará en Samaria y los gentiles adorarán al Dios verdadero, y el pueblo del Señor será manchado con sangre y un crimen ... un crimen en comparación que en comparación con los pecados de las prostitutas que venden sus cuerpos y sus almas, será una cosa muy pequeña. Yo no fui capaz de orar en la tumba de mis primos y del justo Samuel. No importa. El descanso, los huesos santos, regocijen, almas que habitaban en ellas. La primera resurrección está cerca. Entonces, el día vendrá cuando tú serás mostrado a los ángeles como las almas de los siervos del Señor.

Jesús En Queriot. Muerte Del Anciano Saúl.

Judas, Simón y Juan están con Jesús y están caminando por un valle entre dos cadenas montañosas. Han dejado atrás a los pastores, en los pastos de Hebrón. Los campos de este valle no son muy grandes, pero están bien cultivados con varios cereales, principalmente cebada y centeno y también algunos viñedos bonitos en las partes soleadas. Más arriba, hay hermosos bosques de pinos, abetos y otros árboles típicos de los bosques leñosos. Una ruta razonablemente buena desemboca en un pequeño pueblo.

'Este es el suburbio de Queriot. Por favor, ven a mi casa de campo. Mi madre está esperando allí. 'Iremos a Queriot después' dice Judas, que está fuera de sí de la emoción.

'Como quieras, Judas, pero podríamos habernos detenido incluso aquí para cumplir con tu madre'.

'¡Oh! ¡No! Es sólo una casa de campo. Mi madre viene aquí en la época de cosecha. Pero ella vive en Queriot. ¿Y Tú no quieres que la gente de mi ciudad Te vea? ¿No quieres llevar Tu luz a ellos? '

'Yo lo hago, Judas. Pero ya eres consciente de que no me importa la humildad del lugar que Me da hospitalidad'.

'Pero hoy Tú eres mi invitado... y Judas sabe cómo ser hospitalario'.

Caminan por unos cuantos metros entre casas repartidas por el campo, hombres y mujeres miran y los hijos llaman, su curiosidad se despierta. Judas debe haber enviado un mensaje para advertirles.

'Aquí está mi pobre casa. Perdona su pobreza'.

Pero, la casa no es ni pequeña ni sórdida ni simplemente construida. Se compone de una gran planta baja bien guardada en el medio de un huerto de flores de espesor a través de una pequeña carretera privada limpia que va desde la carretera principal a la casa.

'¿Puedo ir por delante de Ti, Maestro?'

'Sí, ve', Judas va.

'Maestro, Judas ha hecho las cosas a lo grande', dice Simón, 'Yo sospechaba que lo haría. Pero ahora estoy seguro. Maestro, Tú sigues diciendo, y con razón, el espíritu ... Pero ... él no ve las cosas de esa manera. Él nunca Te entenderá... o tal vez muy tarde', añade, para no hacer entristecer a Jesús. Jesús suspira y calla.

Judas sale con una mujer de unos cincuenta años de edad, más bien alta, pero no tan alta como su hijo, con ojos oscuros y cabello rizado. Pero sus ojos son amables y bastante tristes, mientras que los de Judas son imperiosos y astutos.

'Saludo a Ti, el Rey de Israel', ella dice postrándose en un saludo real de un sujeto. 'Permite a Tu sierva darte hospitalidad'.

'La paz sea contigo, mujer. Y que Dios esté contigo y tu criatura'.

'¡Oh! ¡sí! Con mi criatura'. Ella suspira.

'Levántate, madre. Tengo una Madre, también, y yo no puedo permitir que bese mis pies. Yo Te beso, mujer, en nombre de Mi Madre. Ella es una hermana tuya ... en el amor y en el destino doloroso de la madre de los que están marcados'.

'¿Qué quieres decir, Mesías?' Pregunta Judas un tanto preocupado.

Pero Jesús no le responde. Él está abrazando a la mujer, a quien Él ha elevado la amabilidad de la tierra y ahora está besando sus mejillas. Y, sosteniendo su mano, Él camina hacia la casa.

Entran en una habitación fresca, oscurecida por las cortinas a rayas claras. Las bebidas frías y fruta fresca ya están puestas. Pero primero, la madre de Judas llama a una criada que trae agua y a la casera le gustaría quitar las sandalias de Jesús y lavar Sus pies polvorientos. Pero Jesús objeta: 'No, madre. Una madre es demasiada santo para una persona, sobre todo cuando ella es honesta y buena, como tú, para permitirle tomar la actitud de un esclavo...'

La madre mira a Judas... una mirada inusual y luego se va.

Jesús Mismo se refresca. Cuando Él está a punto de ponerse Sus sandalias, la mujer regresa con un nuevo par. 'Aquí, Mesías. Creo que he hecho lo correcto ... como Judas quería ... Él me dijo: 'Un poco más largo que las mías, pero el mismo ancho'.

'¿Pero por qué, Judas?'.

'¿No me dejarás ofrecerte un regalo? ¿No eres Tú mi Rey y mi Dios?'

'Sí, Judas. Pero no hay que darle tantos problemas a tu madre. Sabes como Soy...'

'Ya lo sé. Tú eres santo. Pero Tú tienes que presentarte como un santo Rey. Así es como uno se impone a sí mismo. En el mundo, en el que nueve décimas partes de la gente es tonta, hay que imponernos a nosotros mismos con nuestra apariencia. Confía en mí'.

Jesús ha fijado las correas de cuero rojas caladas de las sandalias nuevas, que llegan hasta los tobillos. Son mucho mejor que Sus sandalias simples de obrero, y se asemejan a las sandalias de Judas, que son como zapatos abiertos que muestran las partes de los pies.

'También la túnica, mi Rey. La preparé para Judas ... Pero él hizo un regalo de ella para Ti. Es ropa de lino: fresca y nueva. Permite a una madre ponerla en Ti ... como si fueras su hijo'.

Jesús mira a Judas una vez más ... pero no habla. Se desata el lazo de Su túnica, alrededor de su cuello y deja que Su amplia túnica caiga en el suelo y por lo tanto se queda con sólo Su tunica corta debajo. La mujer pone en Él el manto nuevo precioso. Y luego le ofrece un cinturón trenzado ricamente bordado con un cable colgando decorado con borlas de gran espesor. Jesús tiene que sentirse cómodo con la ropa limpia y fresca, pero Él no parece muy feliz. Mientras tanto, los otros se han aseado ellos mismos.

'Vamos, Maestro. Ellos vienen de mi pobre huerto. Y esto es agua con miel, preparada por mi madre. Tal vez, Simón, preferiría este vino blanco.

Toma un poco. Es el vino de mi viña. ¿Y tú qué, Juan? ¿Tendrás el mismo que el Maestro? 'Judas está encantado como él vierte las bebidas en hermosas copas de plata, mostrando así su riqueza.

'Su madre no es muy habladora. Ella mira ... mira ... a Judas , y aún más a Jesús, y cuando Jesús, antes de comer, le ofrece la más bonita fruta de color rojo – amarilla y Él le dice a ella:

'Primero que todos, a la madre, siempre', sus ojos están con lágrimas.

'Madre, el resto estpa listo? Pregunta Judas.

'Sí, hijo. Creo que he hecho todo bien. Pero me crié aquí y siempre he vivido aquí y no sé ... no conozco las costumbres de los reyes'.

'¿Qué hábitos, mujer? Que reyes? ¿Qué has hecho, Judas?'

'¿No eres tú el Rey prometido de Israel? Es hora de que el mundo Te salude a Ti como tal, y que debe ocurrir por primera vez aquí, en mi ciudad, en mi casa. Yo Te venero como tal. Por mi bien, y por el respeto debido a Tus nombres de Mesías, Cristo, el Rey, que los Profetas Te dieron por orden del Señor, no me dés la mentira'.

"Mujer, amigos, por favor. Tengo que hablar con Judas. Tengo instrucciones precisas para darle'.

La madre y los discípulos se retiran.

'Judas: ¿qué has hecho? ¿Has entendido tan poco de Mí hasta ahora? ¿Por qué Me bajaste hasta el punto de hacer de Mí sólo un hombre poderoso del mundo o mejor dicho: un hombre intrigante para convertirse en poderoso? ¿Y tú no entiendes que eso es un delito, es más un obstáculo para Mi misión? Sí. No lo niegues. Es un obstáculo. Israel se somete a Roma. Sabes lo que pasó cuando ellos se levantaron contra Roma alguien que parecía una turba - líder y despertó la sospecha de la creación de una insurrección. Hace sólo unos días escuchaste cuán despiadados ellos fueron en contra de un Niño, porque tenían miedo de que Él sea el rey de acuerdo con el mundo. Y sin embargo tú! ...

¡Oh! ¡Judas! ¿Qué esperas de la soberanía de la carne? ¿Qué esperas? Te di tiempo para pensar y decidir. Yo hablé muy claro desde el primer momento. Yo también te envié lejos porque sabía ... porque sé, leo y veo lo que hay en ti. ¿Por qué quieres seguirme, si no quieres ser como yo quiero? Vete, Judas. No te hagas daño a ti mismo y no Me hagas daño ... Vete. Es mejor para ti. Tú no eres un trabajador adecuado para esta tarea. Es, con mucho, demasiado por encima de ti. En ti hay orgullo, hay codicia y sus tres ramas, hay arrogancia ... incluso tu madre tiene que tener miedo de ti ... tú estás inclinado a la mentira ... No, Mi seguidor no debe ser así. Judas, yo no te odio, no te maldigo. Yo sólo digo, y lo digo con el dolor de alguien que sabe que no puede cambiar a la persona que ama, yo sólo digo: sigue tu camino, haz tu camino en el mundo, ya que eso es lo que quieres, pero no te quedes Conmigo.

¡Mi vida! ... Mi palacio real! ¡Qué tan pequeño y significa que son! ¿Sabes de dónde voy a ser un Rey? ¿Cuando seré proclamado Rey? Cuando voy a ser levantado, en una pieza de mala fama de la madera y mi propia sangre serán mis púrpura, y mi corona será una corona de espinas y mi insignia un cartel de burla y las maldiciones de todo el pueblo, de mi pueblo, serán las trompetas, las panderetas, los órganos, las cítaras saludando la proclamación del Rey. ¿Y sabes por cuya obra todo esto va a pasar? Por el hecho de que no Me entenderán a Mí. Aquél que no ha entendido nada. Uno, cuyo corazón era una pieza hueca de bronce, que el orgullo, la sensualidad y la avaricia habían llenado con sus humores, que generará colas de las serpientes que se utilizarán para la cadena y Yo ... y para maldecirlo. Los otros no son tan conscientes de Mi destino. Por favor, no le digas a ellos. Mantengamos esto entre nosotros. En cualquier caso, es un reproche ... y te mantendrá tranquilo para evitar decir: "Fui reprochado' ... ¿Está claro, Judas? '

Judas ha sonrojado tanto, que se ve de color púrpura. Él está de pie delante de Jesús, mortificado, con la cabeza gacha ... Él se arrodilla y llora con la cabeza en las rodillas de Jesús: ' Te amo, Señor, no me rechaces. Sí, me siento orgulloso y necio pero no me despidas. No. Maestro. Nunca voy a hacerlo de nuevo. Tú tienes razón. Fue desconsiderado de mi parte. Pero hay un poco de amor en mi error. Quería honrarte ... y yo quería que los demás te honren así ... porque Te amo. Tú lo dijiste hace tres días: 'Cuando cometes un error sin malicia, por ignorancia, no es un error, sino un juicio imperfecto: al igual que el error de los niños, y estoy aquí para hacer de vosotros unos adultos'. Aquí estoy, aquí en contra de Tus rodillas ... Tú dijiste que serías como un padre para mí ... y yo estoy aquí en Tus rodillas como si fueran de mi padre, y Te pido que me perdones, y haz un "adulto" de mí, un santo adulto ... no me envíes lejos, Jesús, Jesús, Jesús ... no todo es malo en mí. Ya sabes: Dejé todo por Ti y he venido. Tú eres mucho más que los honores y triunfos que sirven a otras personas. Tú eres en verdad el amor del pobre infeliz Judas quién solo le gustaría darte nada más que alegría, y es en su lugar, causa de dolor para Ti ... '

'Eso está bien, Judas. Te perdono una vez más ... Jesús se ve cansado ... ' Te perdono, esperando ... esperando que en el futuro vayas a Entenderme'.

'Sí, Maestro. Pero, ahora, no me vengas con la mentira, de lo contrario me reiría. Todo el mundo en Queriot sabe que yo iba a venir con David Descendiente, el Rey de Israel ... y la ciudad ha hecho los preparativos para recibirte a Ti... Yo pensé que estaba haciendo algo bueno ... mostrándote lo que hay que hacer para ser respetado y obedecido ... y yo también quería mostrarle a Juan y Simón, y a través de ellos, todos los que Tú amas sean tratados por igual ... También mi madre se burlaba, como la madre de un mentiroso loco. Por su bien, mi Señor ... Y te juro que yo... "

'No Me jures a Mí. Jura por ti mismo, si puedes, que no vayas a cometer tal pecado de nuevo. Por el bien de tu madre y tus conciudadanos que no Te avergonzaré yendote lejos de aquí. Pónte de pie'.

'¿Qué Tú vas a decirle a los otros?'

'La verdad ... '

'No, no lo hagas'.

'La verdad: que yo Te di instrucciones para hoy. Siempre es posible decir la verdad de una manera caritativa. Vamos. Llama a tu madre y los otros'.

Jesús está bastante serio. Sonríe de nuevo sólo cuando Judas regresa con su madre y Sus discípulos. La mujer parece con mucho dolor y mira a Jesús, pero gana confianza cuando ve su buena disposición.

'¿Vamos a Queriot? He descansado y me gustaría darte las gracias, madre, por tu amabilidad. Que el

Cielo y te garanticen un buen descanso y la paz recompense a tu difunto marido, por tu caridad hacia Mí'.

La mujer intenta besar Su mano, pero Jesús acaricia su cabeza y por lo tanto le impide hacerlo.

'El carro está listo, Maestro. Ven'.

En el exterior, de hecho, una carreta de bueyes está llegando. Es un carro cómodo, en el que han colocado cojines como asientos y una carpa roja como cubierta.

'Sube, Maestro. '

'Tu madre, primero'.

La mujer sube y entonces Jesús y los demás.

'Siéntate aquí, Maestro' (Judas ya no Lo llama rey).

Jesús se sienta en frente, y Judas se sienta junto a Él. La mujer y los discípulos están detrás. El hombre que conduce el carro incita a los bueyes para caminar junto a ellos.

Es un viaje corto, un poco más de cuatrocientos metros. Las primeras casas de Queriot ahora son visibles y se ven como un pequeño pueblo decente. Un niño pequeño que estaba viendo en el camino soleado de inmediato se corre lejos. Cuando el carro llega a las primeras casas, los notables y la gente Le dan la bienvenida, las casas están decoradas con cortinas y ramas. Las personas gritan de alegría y se inclinan profundamente.

Jesús, desde lo alto de Su temboloroso trono, puede saludarlos y bendecirlos.

El carro se mueve y tras cruzar una plaza que se convierte en calle y se detiene ante una casa donde la puerta ya está abierta y dos o tres mujeres están esperando en la puerta. Se detienen y bajan. "Mi casa es Tuya, Maestro. '

'Paz, Judas. Paz y santidad'.

'Ellos entran. Más allá de la sala hay una habitación grande, con divanes bajos y muebles con incrustaciones. Los notables del lugar y otras personas van con Jesús. Hay mucha reverencia y curiosidad: una alegría llamativa. Un impresionante anciano pronuncia un discurso:

'Es un gran honor para la tierra de Queriot recibirte, mi Señor. ¡Una gran fortuna! ¡Un día feliz! Es una gran suerte Tenerte y ver que un hijo de Kerioth es Tu amigo y ayudante. ¡Que sea bendecido porque Te ha conocido a Ti antes que nadie! Y Bendito seas diez veces diez, porque Te has revelado a Tí Mismo: Tú eres el único que se ha esperado por generaciones y generaciones. Habla, mi Señor y Rey. Nuestros corazones están ansiosos de escuchar Tu palabra, al igual que la tierra reseca por un verano ardiente espera de las primeras lluvias suaves en Septiembre'.

'Gracias, quienquiera que seas. Gracias. Y gracias a estos ciudadanos cuyos corazones han honrado la Palabra del Padre, y el Padre Cuya Palabra Soy. Porque vosotros debéis entender que las gracias y el honor no se deben al Hijo del hombre, Quién os está hablando, sino al Altísimo Señor, para este tiempo de paz durante el cual Él restablece la paternidad rota con los hijos del hombre.

Alabemos al Señor verdadero, el Dios de Abraham que se compadeció y amaba a Su pueblo y otorgó al Redentor prometido. Gloria y alabanza no a Jesús, el siervo de la Voluntad Eterna, sino a la amorosa Voluntad. '

'Tus palabras son las palabras de un hombre santo: Yo soy el jefe de la sinagoga. Hoy no es el Sabat. Pero ven a mi casa, para explicar la Ley, ya que Tú eres ungido con Sabiduría, en lugar de con aceite real'.

'Iré'

'Quizá mi Señor está cansado...'

'No, Judas, nunca estoy cansado de hablar de Dios y Yo nunca estoy ansioso por decepcionar a los corazones de los hombres'.

'Vamos, entonces' el jefe de la sinagoga, insiste. 'Todo Queriot está ahí esperando por Ti'.

'Vamos'.

'Ellos salen. Jesús está entre Judas y el arco de la sinagoga, a su alrededor se encuentran los notables y las multitudes. Jesús pasa a través de ellos la bendiciendo.

La sinagoga está en la plaza. Ellos van allí. Jesús va hacia el atril. Él empieza a hablar, brillante en Sus hermosas ropas, Su rostro inspirado, Sus brazos extendidos en Su actitud habitual.

'Gente de Queriot, la Palabra de Dios os está hablando a vosotros. Escuchar. Él Quién os habla no es más que la Palabra de Dios. Su soberanía viene del Padre y vuelve al Padre después de que Israel ha sido evangelizado. Que vuestros corazones y mentes se abran a la verdad, para que podáis ser liberados de errores y confusión.

Isaías dijo: 'Para todo calzado de batalla, cada manto revolcado en sangre, es quemado y consumido por el fuego. Pues hay un Niño nacido para nosotros, un Hijo dado a nosotros, y el dominio descansa sobre Sus hombros, y este es el nombre dado por ellos a Él: Consejero Maravilloso, Poderoso Dios, Padre Eterno, Príncipe de Paz. Este es Mi Nombre.

Dejamos a César y los Tetrarcas sus presas. Voy a cometer un robo. Pero no es un robo que merece ser castigado por el fuego. Por el contrario voy a arrancar del fuego de Satanás a muchas de sus presas y voy a llevarlos al Reino de la paz, de los cuales Yo soy el Príncipe, y para el siglo futuro: el tiempo eterno del cual Yo soy el Padre.

'Dios', dice David, de cuya existencia yo desciendo, como fue profetizado por los que veían el futuro a causa de su santidad, que era tan agradable a Dios, que Él los escogió como Sus mensajeros: "Dios eligió a uno solo ... mi hijo ... pero la obra es grande este palacio no es para el hombre, sino para Dios" así es. Dios, el Rey de reyes, eligió una sola persona: Su Hijo, para construir la casa de Dios en los corazones de los hombres. Y Él ya ha preparado los materiales. ¡Oh! ¡Cuánto oro de caridad! Y el cobre, la plata, el hierro, la madera rara y piedras preciosas! Todos ellos están reunidos en su Palabra Quién hace uso de ellos para construir la morada de Dios en vosotros. Pero si el hombre no ayuda al Señor, el Señor construirá su morada en vano. Uno debe responder al oro con el oro, a la plata con la plata, al cobre con el cobre, al hierro con hierro.

Es decir, el amor debe ser dado por amor, la continencia para servir a la pureza, la perseverancia para ser leal, la fuerza para ser firme. Y uno debe cargar piedras hoy, madera mañana: un sacrificio hoy, un acto de mañana y así construir. Siempre vosotros debéis construir el Templo de Dios en vuestros corazones.

El Maestro, el Mesías, el Rey de Israel y eterno Dios del pueblo, te llama. Pero Él quiere que seas puro para el trabajo. Renunciad al orgullo: ¡Alabado sea Dios! Renunciad a los pensamientos humanos: el Reino es de Dios. Sed humildes y decid conmigo: 'Todo es vuestro, Padre. Todo lo bueno es Tuyo. Enséñanos a Conocerte y Servirte en la verdad' Decid: '¿Quién soy yo' y reconoced que será algo que sólo cuando vosotros se vuelvan moradas purificadas en las que Dios pueda descender y descansar.

Todos vosotros sois peregrinos y extraños en este mundo, aprended cómo reuniros y proceder hacia el Reino prometido. El camino: los mandamientos cumplidos no por el temor a un castigo, sino por amor a Ti, Padre santo. El Arca: un corazón perfecto en el que se guarda el maná nutritivo de la sabiduría y el poder de una voluntad pura para florecer. Y llegan a la Luz del mundo, que sus casas pueden ser brillante con la luz. Les traigo la Luz. Nada más. No tengo riquezas y no prometo honores mundanos. Pero poseo toda la riqueza sobrenatural de Mi Padre y Yo prometo el honor eterno del Cielo a los que seguirán a Dios con amor y caridad. La paz sea con vosotros'.

Las personas que han escuchado con atención, empiezan a murmurar un poco agitadas. Jesús habla con el jefe de la sinagoga. Otras personas, tal vez los notables, se unen al grupo.

'Maestro, pero ¿Tú no eres el Rey de Israel? Nos dijeron ...'

'Yo soy'.

'Pero Tú dijiste ...'

'Que yo no poseo ni prometo Riqueza mundana. Puedo decir la verdad. Sí, es así. Sé lo que vosotros pensáis. Sin embargo, el error se debe a una mala interpretación y vuestro gran respeto por el Altísimo. Os dijeron: 'El Mesías está viniendo' y pensasteis, como muchos en Israel, que el Mesías y rey eran la misma cosa. Levantad vuestras mentes más arriba. Mirad este hermoso cielo de verano. ¿Crees que termina allí, donde el aire parece una bóveda de zafiro? No, los más puros, las esferas celestes más relevantes están más allá de este, tan lejos como el Paraíso, que nadie puede imaginar, donde el Mesías llevará a todos los justos que mueren en el Señor. La misma diferencia existe entre la realeza del Mesías, tal como se entiende por los hombres, y Su verdadera Realeza: que es totalmente divina'.

'Pero nosotros, hombres pobres, ¿seremos capaces de elevar nuestras mentes tan arriba?'

'Sí, si sólo lo deseáis. Y os queréis, Yo os ayudaré'.

'¿Cómo Te llamaremos, si Tú no eres un rey?'

'Llamadme Maestro, o Jesús, como vosotros deseéis. Yo soy un Maestro y Yo soy Jesús, el Salvador'.

Un anciano dice: 'Escucha, mi Señor. Hace un tiempo, hace mucho tiempo, en el momento del edicto, escuchamos aquí que el Salvador nació en Belén ... y yo fui allí con otras personas ... Vi a un pequeño Bebé, exactamente igual que todos los demás recién nacidos. Pero Lo adoraba con fe. Más tarde me enteré de que había un hombre santo, cuyo nombre es Juan. ¿Cuál es el verdadero Mesías?'

'Aquel que tú adoraste. El otro es Su precursor: un gran santo ante los ojos del Altísimo. Pero él no es el Mesías'.

'¿Eras Tú?'

'Fui Yo. ¿Y qué viste en torno al Niño recién nacido?'

'Pobreza y limpieza, honestidad y pureza ... Un carpintero amable y serio, que se llamaba José, un carpintero, de la Casa de David, una joven madre, justa y buena, que se llamaba María, antes de cuya gracia las más bellas rosas de Engedi se ponen pálidas y los lirios los macizos de flores reales parecen deformes, y un niño con grandes ojos azules y el pelo dorado pálido ... vi nada más ... y todavía puedo escuchar la voz de la Madre que me decía: "En nombre de mi Criatura yo digo: el

Señor esté con vosotros hasta el encuentro eterno y que Su Gracia venga hacia ti en tu camino " Tengo ochenta y cuatro años ... mi camino está cerca de su fin. Ya no esperaba cumplir con la Gracia de Dios. ¡En cambio Te he encontrado! ... Y ahora no deseo ver cualquier otra luz que la Tuya ... Si. Veo como eres en este atuendo misericordioso, que es la carne que has tomado. ¡Te veo! ¡Escucha la voz de un hombre que ve la luz de Dios al morir! '

La gente presiona alrededor del viejo hombre inspirado, que está en el grupo de Jesús. Ya no apoyado en su bastón, levanta sus brazos temblorosos y levanta la cabeza blanca, que, con su barba, parece la cabeza de un patriarca o profeta.

'Yo Le veo: El Elegido, Supremo, Perfecto, Quién descendió aquí por amor, Lo veo subir de nuevo a la derecha del Padre y ser Uno con Él. Pero ... ¡Oh! Él no es sólo una Voz' o una Esencia incorpórea, como Moisés vio el Altísimo, o como dice el Génesis los Primeros Padres Le oyeron y Le hablaron en la brisa de la tarde. Yo Lo veo como Carne real elevándose al Padre Eterno. ¡Resplandeciente Carne! ¡Gloriosa Carne! ¡Oh! ¡Pompa de la Divina Carne! Oh! ¡Belleza del Hombre-Dios! Él es el Rey! Sí. El Rey. No de Israel: del mundo. Todas las realezas de la tierra se inclinan ante Él y todos los cetros y coronas se desvanecen ante el esplendor de Su cetro y joyas. Él tiene una corona en Su cabeza y un cetro en Su mano. Lleva una racional en Su pecho: está adornada con perlas y rubíes, el brillo de los cuales nunca fue visto antes. Llamas salen de ella como si se tratara de un horno de fuego ardiente. Hay dos rubíes en Sus muñecas y hebillas con rubíes en Sus santos pies. ¡Hay tanta luz de los rubíes! ¡Admirad, los pueblos, al Rey Eterno! ¡Te veo! ¡Te veo! Me estoy levantando Contigo ... ¡Ah!

¡Señor! ¡Nuestro Redentor! ... La luz aumenta dentro de mi alma ... ¡El Rey está decorado con Su propia Sangre! La corona es una corona de espinas de sangrado. El cetro es una cruz ... ¡He aquí el hombre! ¡Él está aquí! ¡Eres Tú! ... Señor, por el bien de Su sacrificio ten piedad de Tu siervo, Jesús, encomiendo mi alma a Tu misericordia. El anciano, que hasta ahora se había levantado, rejuvenecido por el fuego de la profecía, de repente se derrumba y se cae dónde Jesús rápido lo sostiene contra Su pecho.

'Saúl'.

'¡Saul está muriendo!'

'¡Ayuda!'

'Sé rápido'.

'Paz para el hombre justo que se está muriendo', dice Jesús, que se arrodilla lentamente hacia abajo para soportar al anciano, que se vuelve en más y más pesado'.

Hay silencio.

'Entonces Jesús lo acuesta en el suelo. Y Él se pone de pie. 'Paz a su alma. Murió viendo la Luz. En su expectativa la cual será una corta, él ya verá el rostro de Dios y será feliz. No existe la muerte, es parte de la vida, para aquellos que murieron en el Señor'.

La gente, después de un rato, se van comentando. Los ancianos, Jesús, Sus discípulos y el arco de la sinagoga permanecen.

'Él profetiza, Señor'.

'Sus ojos vieron la Verdad. Vamos. Ellos salen'.

'Maestro, murió Saúl embelesado por el Espíritu de Dios. Nosotros lo hemos tocado, somos puros o impuros? '

'Impuros'.

¿Y qué hay de Ti? '

'Yo soy como los demás. Yo no cambio la Ley. La Ley es la Ley y un Israelita cumple. Nosotros somos impuros. Entre el tercero y séptimo día seremos purificados. Hasta entonces, somos impuros. Judas, yo no voy a volver a la casa de tu madre. No quiero llevar suciedad a su casa. Envía su palabra por alguien que pueda ir allí. Paz a esta ciudad. Vamos'.

En Su Camino De Regreso Desde Queriot, Jesús Se Detiene Con Los Pastores Cerca De Hebrón.

Jesús, con Sus discípulos, está caminando por una carretera sinuosa en lo alto de la ladera de la montaña que se precipita abruptamente hacia un torrente en el fondo del valle. Juan está casi púrpura, cargado como un portero, con una gran bolsa pesada, Judas está llevando la bolsa de Jesús y su propia y Simón sólo tiene su bolsa y los mantos. Jesús está ahora con su propia ropa y las sandalias y la ausencia de arrugas en su túnica sugiere que la madre de Judas debe haberla tenido que lavar.

'¡Cuánta fruta! ¡Cuán hermosos son los viñedos en esas colinas! 'Dice Juan, que está siempre de buen humor, a pesar del calor y la fatiga. 'Señor, ¿es este el río en cuyas orillas nuestros padres recogieron las uvas milagrosas?'

'No, es otra, más al sur. Pero toda la región fue bendecida con rica fruta'.

"No está tan bendecida ahora, aunque todavía hermosa'.

'Demasiados guerras han devastado el país. Israel fue hecha aquí ... pero tenía que ser fertilizada por su propia sangre y con la sangre de sus enemigos'.

'¿Dónde vamos a encontrar a los pastores?'.

'A cinco kilómetros de Hebrón, en las orillas del río que estabas preguntando'.

'Más allá de esa colina, entonces'.

'Correcto'.

'Es muy caluroso. El verano ... ¿A dónde vamos después, Maestro? '

'A un lugar que es aún más caliente. Pero os pido que vengáis. Vamos a viajar de noche. Las estrellas son tan brillantes que no hay tinieblas. Quiero mostraros un lugar...'

'¿A la ciudad?'

'No ... Un lugar ... que os hará entender al Maestro ... tal vez mejor que Sus palabras. '

'Perdimos algunos días más de ese estúpido incidente. Se echó a perder todo ... y mi madre, que había preparado mucho, estaba decepcionada. No puedo entender por qué Tú quisiste separarte a Ti mismo con la purificación...'

'Judas, ¿por qué llamas estúpido un hecho que era una gracia de un verdadero creyente? ¿No te gustaría una muerte por ti mismo? Él había esperado toda su vida al Mesías, y aunque un hombre mayor, que había ido por caminos incómodos, para Adorarlo, eˊl fue dicho: 'Él está aquí'. Había guardado la palabra de Mi Madre durante treinta años en su corazón. Estaba embelesado por el fuego del amor y de la fe en la última hora concedida a él por Dios. Su corazón estalló de alegría y fue quemado, como un holocausto agradable, por el fuego de Dios. ¿Qué destino podría ser mejor? ¿Él echó a perder la fiesta que habías preparado? Puedes ver en esto la respuesta de Dios. Las cosas del hombre no son para ser mezcladas con las cosas de Dios ... Tu madre me tendrás de nuevo. El viejo no Me habría tenido a Mí otra vez. El conjunto de Kerioth puede venir a Cristo, el anciano ya no tenía más fuerzas para hacerlo. Estoy feliz que tuve al viejo padre moribundo contra Mi corazón y encomendé su alma. En cuanto a lo demás ... ¿Por qué dar escándalo que falta el respeto a la Ley?

Uno debe caminar delante de los demás, si se quiere decir: 'Seguidme' Y llevar a la gente en un camino santo, uno debe caminar por el mismo camino. ¿Cómo pude haber dicho, o cómo iba a decir: 'Sed fieles', si yo fuera infiel?'.

'Creo que el error es la causa de nuestra decadencia ... 'Observa Simón' ... Los rabinos y Fariseos aplastan al pueblo con sus preceptos y entonces ... entonces se comportan como el hombre que profanó la casa de Juan, hacienda esto un lugar de pecado'.

'Él es uno de Herodes ...'

'Sí, Judas, pero los mismos fallos se encuentran también en las clases que se dice - por sí mismos, por supuesto - ser santos. ¿Qué dices Tú sobre esto, Maestro? 'pregunta Simón'.

'Yo digo que sólo si hay un puñado de verdadera levadura y verdadero incienso en Israel, el pan será hecho y el altar perfumado'.

'¿Qué Tú quieres decir?'

'Quiero decir que si hay alguien que viene a la Verdad con un corazón sincero, la Verdad se extenderá como la levadura en la masa de harina y como incienso por todo Israel'.

'¿Qué Te ha preguntado esa mujer? Pregunta Judas. Jesús no responde pero, en cambio, se dirige a Juan: 'Tu carga es pesada y estás cansado. Dámela'.

'No, Jesús, yo estoy acostumbrado a llevar pesos y en todo caso ... el pensamiento de la alegría de Isaac la hace más liviana'.

Ellos van alrededor de la colina. Las ovejas de Elías están en la sombra de los árboles, en el otro lado. Y los pastores, sentados a la sombra están monitoreándolas. Cuando ven a Jesús empiezan a correr.

'Paz a vosotros. ¿Estás Tú aquí?'

'Estábamos preocupados por Ti ... por el retraso ... y no sabíamos si ir o Encontrarte u obedecer ... entonces decidimos venir ... y así obedecer Tus instrucciones y satisfacemos nuestro amor al mismo tiempo. Tenías que estar aquí hace muchos días'.

'Nos tuvimos que quedar ...'

'¿Pasó algo ... malo?'

'No, Mis amigos, nada. Un creyente fiel murió en Mi pecho. Nada más'.

'¿Qué crees que habría ocurrido, pastor? Cuando las cosas están bien dispuestas ... Ciertamente, uno debe saber cómo prepararlos y preparar también los corazones para recibirlas. Mi ciudad pagó todos los honores a Cristo. ¿Acaso no es así, Señor?'

'Sí, lo hicieron. Isaac, en nuestro camino de regreso llamamos a Sara. También la ciudad de Juta, sin ningún tipo de preparación que no sea su simple bondad y la verdad de las palabras de Isaac, entendieron la esencia de Mi doctrina y aprendieron a amar con un amor desinteresado práctico sagrado. Ella le envió algo de ropa y comida, Isaac, y todo el mundo quería añadir algo a las limosnas que dejaste en tu cama, porque tú ahora estás de vuelta en el mundo y te falta todo. Toma esto. Nunca llevo dinero. Pero acepté porque es purificado por la caridad'.

'No, Maestro, Mantenlo. Yo ... yo estoy acostumbrado a vivir sin el'.

'Ahora tendrás que ir a los distintos pueblos, a los que te voy a enviar. Y lo necesitarás. Un obrero tiene derecho a su salario, también Si él se ocupa de las almas ... porque todavía hay un cuerpo para alimentarse, como si fuera un burro ayudando a su amo. No es mucho. Pero lo manejarás. Juan tiene algo de ropa y sandalias en esa bolsa.

Joaquín tomó algunos de las suyas. Pueden ser demasiado grandes ... ¡pero hay mucho amor en los regalos! '

Isaac, que todavía estaba descalzo y vestido con su extraño vestido hecho de una manta, toma la bolsa y se va detrás de un arbusto a vestirse.

'Maestro', dice Elías. 'Esa mujer ... la mujer que está en la casa de Juan ... tres días después de que Te fuiste y estábamos apacientan las ovejas en los prados de Hebrón - que pertenecen a todo el mundo, los prados, y no fuimos lejos - ella envió a su criada con esta bolsa para nosotros y nos dijo que quería hablar con nosotros ... no sé si hice lo correcto ... pero la primera vez le devolví la bolsa a ella y le dije : "Yo no quiero escucharla" ... Entonces ella envió este mensaje: "Viene en nombre de Jesús", y fui. Ella esperó hasta que ella... bueno, el hombre que la mantiene, se había ido ... Cuántas cosas ella quería saber. Pero yo ... no le dije mucho. Por prudencia. Ella es una prostituta. Tenía miedo de que fuera una trampa para Ti. Ella me preguntó quién eres Tú, dónde vives, qué haces, si Tú eres un caballero ... Le dije: 'Él es Jesús de Nazaret, Él va a todas partes, porque Él es un Maestro, y Él va por toda Palestina enseñando', le dije que Tú eres un hombre pobre, un simple obrero, hecho sabio por la sabiduría ... Nada más. '

'Lo has hecho bien', dice Jesús, mientras que Judas, en el mismo momento, exclama: '¡Lo hiciste mal!' ¿Por qué no dice que Él es el Mesías, el Rey del mundo? La mujer Romana orgullosa debería ser aplastado bajo el golpe de esplendor de Dios. '

'Ella no me habría entendido ... En cualquier caso, ¿cómo podías estar seguro de que ella era sincera? Cuando la viste, dijiste lo que ella es. ¿Iba a arrojar las cosas santas, y todo lo que es Jesús es santo, en su boca? ¿Iba a poner en peligro a Jesús, dando demasiada información? Cualquier persona puede hacerle daño a Él, pero no lo haré'.

'Juan, ve y dile a ella quién es el Maestro, y explícale la santa verdad', sugiere Judas.

'Yo no. A menos que Jesús me lo pida'.

'¿Tienes miedo? ¿Qué puede hacerte ella a ti? ¿La aborreces? El Maestro no lo hizo'.

'No tengo miedo, tampoco la aborrezco. Siento pena por ella. Pero creo que si Jesús quisiera, podría haberse detenido a enseñarle. Él no lo hizo ... no es necesario que nosotros lo hagamos'.

'En el momento en que no había señales de una conversión ... ahora ... Muéstrame la bolsa, Elías. Y Judas, que está sentado en la hierba, vacía la bolsa en su manto. Anillos, brazaletes, pulseras y un collar se despliega: oro amarillo en el oro oscuro del manto de Judas. '¡Son joyas! ... ¿Qué podemos hacer con ellas? '

'Pueden ser vendidas', dice Simón.

'Son cosas problemáticas' dice Judas, pero no obstante, él las admira.

'Eso fue lo que le dije a ella, cuando las tomé; también dije: 'Tu amo te golpeará' Ella respondió: " Ellas no le pertenecen a él. Son mías y yo hago lo que quiera con ellas. Sé que es el oro de los pecados ... pero será bueno que sean utilizadas para los pobres y los santos. Ellos puede que me recuerden' y ella estaba llorando'.

'Ve a verla, Maestro', dice Judas.

'No'.

'Envia a Simón'.

'No'.

'Bueno, iré'.

'¡No!, el tono de 'Jesús es agudo y perentorio.

'Estuve equivocado, Maestro, al hablar con ella y tomar ese oro?' pregunta Elías, cuando ve a Jesús tan serio.

'Tú no hiciste nada malo. Pero no hay nada más que hacer'.

'Pero tal vez esa mujer quiere redimirse y ella necesita que le enseñen ... ' Judas objeta una vez más.

'Ya hay en ella tantas chispas capaces de iniciar un fuego que quemará sus vicios y purificarán su alma y el arrepentimiento convertirán su inocencia una vez más. Hace unos minutos os hablé de la levadura que se mezcla con la harina y la convierte en pan sagrado. Escuchad ahora una breve parábola.

Esa mujer es la harina. Una harina en la que el maligno ha mezclado sus polvos infernales. Yo soy la levadura. Es decir, Mi palabra es la levadura. Pero si hay demasiada paja en la harina, o si la arena o pequeñas piedras o cenizas se mezclan en ella, ¿es posible hacer pan con ella, incluso si la levadura es buena? No es posible. Es necesario quitar pacientemente la paja, las cenizas, piedras y arena de la harina.

Luego la Misericordia pasa y ofrece la primera criba ... La primera: hecho con verdades básicas cortas, lo que puede ser entendido por una atrapada en la red de una total ignorancia, el vicio y el paganismo. Si el alma lo acepta, comienza la primera purificación. La segunda se lleva a cabo por medio de la criba de la propia alma, que compara su propio ser con el Ser que se reveló. Y el alma se horroriza. Y comienza su labor por medio de una operación de más y más específica, después de las piedras, la arena y la ceniza, llega al punto de eliminar también esa parte de la harina que consiste en granos demasiado pesados y demasiados gruesos para hacer un buen pan. El alma está lista. La Misericordia luego pasa por una vez más y penetra en la harina lista - es una preparación también, Judas - y la levanta y la convierte en pan. Pero es una operación larga: una operación de 'fuerza de voluntad' del alma.

Esa mujer ya tiene en sí misma el mínimo que era justo darle a ella y la cual puede ser utilizado por ella para realizar su labor. Deja que lo haga, si quiere, pero no hay que molestarla. Todo trastorna a un alma que está trabajando: la curiosidad, el celo imprudente, la intolerancia, así como la compasión excesiva'.

'¿No vamos a verla, entonces?'

'No. Y que ninguno de vosotros caiga en la tentación, dejemosla. Hay sombra en el bosque. Haremos una parada a los pies del Valle Terebintos. Y vamos a separarnos allí. Elías volverá a sus pastos con Levi: José vendrá conmigo hasta el vado de Jericó. Más tarde ... nos volveremos a encontrar. Tú, Isaac, continúa lo que hiciste en

Juta, yendo de aquí, a través de Arimatea y Lida, a Doco. Nos encontraremos allí. Es necesario preparar Judea, y tú sabes cómo hacerlo. Exactamente como lo hiciste en Juta'.

¿Y qué hay de nosotros? '

¿Vosotros? Vendrán, como he dicho, para ver Mi preparación. También Me preparé para Mi misión. '

'¿Tú fuiste con los rabinos?'

'No'.

'¿Fuiste con Juan?'

'Yo sólo fui bautizado por él'.

'Bien, entonces?'

'Belén habló con sus piedras y sus corazones. También dónde te estoy llevando, Judas, las piedras y un corazón, Mío, te hablará y te dará la respuesta'.

'Elías, quién ha traído un poco de leche y pan integral, dice: 'Mientras esperábamos por Ti, lo intenté, e Isaac intentó conmigo, convencer a la gente de Hebrón ... Pero ellos no creen, no harán un juramento, no quieren a nadie más que a Juan. Él es su 'hombre santo' y no quieren que nadie más'.

'Es un pecado muy común en muchos lugares y muchos de los presentes y futuros creyentes. Ellos miran al obrero, no al maestro que envía el obrero. Ellos le hacen preguntas obrero y que ni siquiera le dicen: 'Dile a tu amo' Ellos se olvidan de que hay un trabajador sólo porque hay un maestro y que es el maestro el que instruye al trabajador y le permite trabajar. Se olvidan de que el obrero puede interceder, pero sólo el maestro puede conceder. En este caso Dios y Su Palabra con Él. No importa. La Palabra es lo siento, pero no guarda rencor. Vamos'.

Jesús Regresa A La Montaña Dónde Él Ayunó Y A La Roca De La Tentación.

Es el amanecer en lo alto de una montaña en el desierto. Algunas estrellas son todavía visibles y un arco muy delgado de luna menguante se parece a una coma de plata en el terciopelo azul oscuro del cielo. La montaña está completamente aislada, es decir, no está vinculada a ninguna otra cadena de montañas. La cima de la montaña es mucho más alta, pero incluso desde el centro de su pendiente, la cual está muy por encima del nivel del suelo, uno domina una amplia vista del horizonte. En el aire fresco de la mañana, cuando la luz del amanecer blanco verdoso tenue se vuelve más y más clara, perfiles y detalles emergen lentamente de la niebla que precede al amanecer, una niebla que es más oscura que la noche, porque la luz de las estrellas parece disminuir y se desvanecen a la distancia, en la transición de la noche al día. El rostro rocoso estéril de la montaña emerge, dividido por quebradas que forman grutas, cuevas y ensenadas. Es un verdadero desierto, con sólo unos pocos mechones verdes de plantas espinosas tiesas con pocas hojas y arbustos bajos duros de la salvaje hierba del desierto con hojas como tallos verdes.

La llanura debajo de la montaña es aún más estéril, la tierra pedregosa plana que se vuelve más árida, ya que se extiende hacia un punto oscuro, mucho más largo que ancho, por lo menos cinco veces más. En la tenue luz de la mañana, se ve como un oasis denso que ha surgido en la desolación de las aguas subterráneas, pero a medida que la luz se vuelve más brillante, revela que nada más es agua muerta oscura estancada.

Un lago de tristeza infinita. A la luz todavía débil evoca visiones de un mundo muerto y parece estar llegando así toda la oscuridad del cielo y toda la oscuridad de la zona circundante, disolviéndose en sus aguas inmóviles el verde oscuro de los arbustos espinosos y la hierba dura que por millas y millas a su alrededor y por encima de el, son la única decoración en la faz de la tierra. Y después de filtrar tanta penumbra que parece extenderse alrededor una vez más. ¡Qué diferente es del lago sonriente y soleado de Genesaret!

En lo alto, mirando el cielo azul claro, que ahora se convierte en más y más claro que la luz que avanza desde el este en el brillo más y más profundo, el alma se regocija. Pero mirando el enorme lago muerto, da una puñalada en el corazón. Ningún ave vuela sobre el agua. Ni un solo animal está en su orilla. Nada. Sólo desolación.

'Aquí estamos en el lugar que queríamos', dice Jesús a Juan, Simón y Judas, que están cerca de la ladera rocosa de la montaña, donde la gran erosión de las aguas, en los meses de lluvia, han formado a través de los siglos, un canal muy poco profundo, un drenaje para el agua que fluye de la cima de la montaña y un camino para las cabras salvajes, más que para los hombres.

Jesús mira a su alrededor y repite: 'Sí, este es el lugar al que quería traeros. Aquí Cristo se ha preparado para Su misión'.

'¡Pero aquí no hay nada!'

'Tenéis toda la razón, no hay nada'.

'¿Con quién estabas Tú?'

'Con mi alma y con el Padre'.

'¡Ah! ¡Te quedaste solo por unas horas!'

'No, Judas. No pocas horas. Muchos días ...'

'Pero, ¿quién Te servía? ¿Dónde Tú dormías?

'Mis siervos eran los asnos salvajes que vinieron a dormir en sus cuevas, donde, también, se había refugiado. Mis sirvientas eran las águilas que me dijeron con sus gritos hostiles: "Es la luz del día ", y volaron lejos para atacar a sus presas. Mis amigos eran las pequeñas liebres que subieron casi a Mis pies, royendo las hierbas silvestres. Mi comida y Mi bebida eran la misma comida y bebida de la flor silvestre: el rocío de la noche y la luz del sol. Nada más. '

'¿Pero, por qué?'

'Para prepararme bien, como tú dices, para mi misión. Las cosas que están bien preparadas tienen éxito. Tú mismo lo dijiste. Y Lo mío no era una bagatela, una cosa inútil que Me glorificará, el Siervo del Señor, sino más bien para hacerles entender a los hombres quién es el Señor, y comprendiendo, hacer que Lo amen en el espíritu de la verdad. El siervo que se preocupa de su propio triunfo, y no con el del Señor, ¡es un hombre miserable! El siervo que está ansioso por obtener un beneficio, que sueña con estar en lo alto del trono construido sobre los intereses de Dios – intereses celestiales bajados a la tierra - es también un siervo miserable. Ya no es un siervo, salvo en la apariencia, sino un comerciante, un traficante, una persona engañosa, la cual se engaña a sí mismo y a los hombres y le gustaría engañar también a Dios ... un hombre miserable que se cree un príncipe mientras que él es un esclavo. Pertenece al Maligno, el rey de la mentira. Aquí, en esta cueva, Cristo vivió durante muchos días, ayunando y orando para prepararse para Su misión. Y ¿dónde sugerirías que debería haber ido a Prepararme, Judas? '

Judas está perplejo y desconcertado. Eventualmente él responde: ' No lo sé ... Estaba pensando ... a un rabino ... o con los Esenios ... No sé'.

'¿Y era posible para Mí encontrar un rabino que Me diría más que el poder y la sabiduría que Dios estaba diciéndome a Mí? Y podría yo - el Verbo Eterno del Padre, Quién estaba presente cuando el Padre creó al hombre y Soy consciente de la inmortalidad del alma por la cual él está animado y del poder del libre juicio con el cual fue dotado por el Creador – ¿Habría ido para sacar provecho de la ciencia y la habilidad de los que niegan la inmortalidad del alma, la resurrección final y también la libertad del hombre para actuar?

¿Quién atribuye virtudes y vicios, santos y malas acciones a un destino, que dicen que está predestinado y son incontrolables? ¡Por supuesto que no!

Tú tienes un destino. En la mente de Dios, Quién te crea, hay un destino para ti. Es el deseo del Padre. Y se trata de un destino de amor, de paz, de gloria. 'La santidad de ser Sus hijos'.Ese es el destino que estaba presente en la mente divina cuando Adán fue formado con polvo y estará presente hasta la creación de la última alma del hombre.

Pero el Padre no os menosprecia en vuestra posición de reyes. Si un rey es un prisionero, él ya no es un rey, sino un paria. Vosotros sois reyes porque sois libres en sus pequeños reinos individuales; vuestro "ego". Podéis hacer lo que os gusta y cómo os gustaría. Ante vosotros y los límites de vuestro pequeño reino tenéis un Rey amable y dos potencias enemigas. El amigo que os muestra las reglas que Él da para hacer feliz a Sus seguidores. Os muestra y dice: 'Aquí están. Con ellas, su victoria eterna es cierta. 'Él, El Sabio y Santo, os las muestra a vosotros para que podáis poner en práctica, si queréis, y así recibir la gloria eterna.

Las dos potencias enemigas son Satanás y la carne. Por carne me refiero a vuestra carne y el mundo: son las pantallas y las seducciones del mundo vanas y ostentosas; las riquezas, fiestas, honores y poderes que se obtienen del mundo y en el mundo, pero no siempre se obtienen con honestidad y son utilizadas incluso menos honestamente cuando, finalmente, un hombre llega a ellos. Satanás, el maestro de la carne y del mundo, habla también en nombre del mundo y de la carne. Él también tiene sus reglas ... ¡Oh! ¡Ciertamente las tiene! Y como vuestro "ego" está envuelto en la carne, y la carne es atraída por la carne, como virutas de metal son atraídos por un imán, y el canto de la Seductor es más dulce que la luz de la luna y el trino de un ruiseñor enamorado entre arbustos de rosas perfumadas, es más fácil de seguir esas reglas, e inclinarse hacia esos poderes, y decirles: "Los considero mis amigos. Adelante' Adelante ... ¿Alguna vez vosotros habéis visto a un aliado que sigue siendo honesto siempre, sin pedir un retorno por la ayuda que ha dado? Eso es lo que hacen esos poderes. Entran ... Y se convierten en los amos. ¿Amos? No: sargentos de galera.

Ellos os atan, hombres, al tribunal de la galera, ellos os sujetan con cadenas, que no os permite levantar la cabeza de su yugo, y sus latigazos de hojas marcas sangrantes en vuestras espaldas si intentáis escapar. Vosotros tampoco debéis soportar ser despedazados y convertidos en un montón de carne destrozada, tan inútil, como la carne, como ser rechazados y echados a un lado por los pies crueles o debéis morir bajo sus golpes.

Si vosotros soportáis ese martirio, luego vendrá la Misericordia, el Único quién todavía puede tener piedad de esa miseria repugnante, el cual el mundo, uno de los maestros, ahora detesta y en el que el otro maestro, Satanás, lanza las flechas de su venganza. Y la Misericordia, el Único, pasa, se agacha, la recoge, la remienda, la cura y dice: "Venid. No tengáis miedo. No miréis a vosotros mismos. Vuestras heridas no son más que cicatrices, pero son tan numerosas que estaríais horrorizados, ya que os desfiguran. Pero yo no me fijo en ellas. Miro a vuestra buena voluntad. Debido a vuestra buena voluntad, estáis marcados. Por tanto os digo: 'Os amo. Venid Conmigo'. Y Él os toma a Su País. Luego, vosotros entendéis que la Misericordia y la amabilidad del Rey son la misma persona. Encontraréis las reglas que Él os ha mostrado y vosotros no quisisteis seguir. Ahora vosotros las queréis... y primero alcanzáis la paz de vuestra conciencia, entonces la paz de Dios. Decidme ahora. ¿Fue ese destino impuesto por el Único en todo el mundo, o dejó que cada uno elija para sí mismo? '

'Fue elegido por cada persona'.

'Tienes razón, Simón. ¿Era posible para Mí que yo vaya a los que niegan la resurrección bendecida y el don de Dios, que les enseñe? Vine aquí. Tomé Mi alma de Hijo del hombre y le di sus toques finales y por lo tanto he terminado el trabajo de treinta años de humildad y preparación con el fin de ser perfecto al iniciar Mi misión. Ahora pido que os quedéis Conmigo por unos días en esta cueva. Nuestra estancia será menos deprimente porque seremos cuatro amigos unidos en nuestros esfuerzos contra la tristeza, el miedo, la tentación y los deseos de la carne. Yo vine por mi cuenta. Será menos doloroso, porque ahora es verano y aquí, los vientos de la montaña disminuyen el calor. Vine aquí al final de la luna de Tebet ** y el viento soplando descendiendo de las cumbres nevadas era duro. Será menos penoso, ya que será más corto y también porque tenemos el alimento necesario para satisfacer nuestra hambre y en los frascos pequeños de cuero que le pedí a los pastores, hay suficiente agua para que nos dure para los días de nuestra estadía. Yo ... tengo que agarrar dos almas de Satanás. Esto sólo se puede hacer con la penitencia. Os pido que Me ayudéis. Será un entrenamiento para vosotros. Aprenderéis a arrebatar a las víctimas de Mamón: no tanto con palabras sino con sacrificio ... Palabras ... El alboroto satánico le impide a uno escucharlas ... Cada alma que es una presa del Enemigo que está envuelto en un remolino de voces infernales ... ¿Queréis quedarte conmigo? Si vosotros no queréis, poderos ir y nos reuniremos en Tecoa, cerca del mercado'.

** La luna Tebet es el décimo mes del calendario lunar bíblico equivalente a Diciembre /Enero.

'No, Maestro, no Te dejaré', dice Juan y Simón, al mismo tiempo, exclaman: 'Tú nos exaltas al querer que estemos Contigo en esta redención'.

Judas ... no parece ser terriblemente entusiasmado. Pero él pone buena cara y dice: 'Me quedaré'.

'Bueno, tomad los frascos y las bolsas y ponedlas en el interior, y antes de que el sol se ponga caliente, romped un poco de madera y ponedla cerca del hoyo. Las noches son severas, incluso en verano, y no todos los animales son gentiles. Encended una rama a la vez. Allí, una rama de una acacia gomosa. Se quema muy bien. Vamos a buscar en los hoyos y con el fuego, alejaremos a las víboras y escorpiones. Id...'

... Es de noche en la ladera de la montaña bajo un cielo estrellado tan claro y brillante, que luce tropical, y las estrellas son maravillosamente grandes y luminosas. Las constelaciones más grandes parecen racimos de diamantes, topacios claros, pálidos zafiros, ópalos y rubíes suaves que tiemblan, se encienden y titilan como miradas ocultas con un instante pestañar, y luego se vuelven a encender más hermosas que antes. De vez en cuando, una estrella se precipita a través del cielo en un rayo de luz como un grito de júbilo de una estrella volando sobre paisajes amplios y desaparece en el horizonte.

Jesús está sentado a la entrada de la cueva y habla con los tres discípulos que están sentados en un círculo alrededor de Él. En medio de ellos, brasas brillantes de un fuego moribundo emiten su resplandor rojizo en las cuatro caras.

'Sí. Nuestra estancia ha terminado. Mi última estancia aquí duró cuarenta días ... y repito esto que era invierno aquí ... y no tenía comida. Un poco más difícil que esta vez, ¿no? Sé que vosotros han sufrido, incluso ahora. La poca comida que os di era nada, especialmente para los jóvenes que padecen hambre. Era apenas suficiente para evitar que colapséis. Y el agua todavía menos. El calor es intenso durante el día. Y dirán que no era lo que en invierno. Pero luego hubo un viento seco que soplaba desde esa cima de la montaña y resecó Mis pulmones. Se levantó de la llanura cargado de polvo del desierto y se secó más de este calor de verano, que se puede aliviar al chupar el jugo de estas frutas ácidas casi maduras. La montaña en invierno dio sólo el viento y las hierbas heladas mordidas cerca de acacias desnudas. Yo no os di todo, porque Me quedé con el último pan y queso y la última botella de agua para el camino de vuelta ... Yo sé lo que Mi viaje de regreso era como, agotador como estaba, en la soledad del desierto ... Recojamos nuestras cosas y vayámonos. Esta noche es aún más clara que la noche que llegamos aquí, no hay luna, pero la luz se derrama desde el cielo. Vamos. Recordad este lugar. Recordad cómo Cristo se prepara y cómo los apóstoles se preparan. Que los apóstoles se preparen como yo os he enseñado'.

Ellos se levantan. Simón remueve las brasas con un palo, lanza algunas hierbas secas sobre ellas para reavivar el fuego de la que, luego enciende una rama de acacia y la mantiene en la entrada de la cueva, mientras que Judas y Juan recogen las mantas, bolsas y frascos de cuero pequeños de los cuales sólo uno es todavía lleno. Luego frota la rama contra la roca para apagar la llama, esparce las cenizas restantes con el pie, toma su bolsa, se pone su manto como el resto de ellos y lo ata a la cintura para que no le impida caminar.

Sin hablar, uno detrás del otro, van por un camino muy empinado, enviando pequeños animales pastando en la hierba escasa corriendo bajo el sol sobre arbustos disperses quemados. Se trata de un descenso largo e incómodo, pero al fin ellos llegan a la llanura. Incluso aquí, piedras y astillas de piedras ocultas debajo de la gruesa capa de polvo socavan los pies, haciendo que se deslicen de repente, a veces lastimándolos, las astillas y piedras son imposibles de evitar. El progreso es lento. Más adelante, los arbustos espinosos desnudos arañan y cogen la parte inferior de sus vestidos, pero aquí al menos se puede caminar más rápido. En lo alto, las estrellas crecen más y más hermosas.

Caminan durante horas, la llanura es cada vez más estéril y deprimente. Pequeñas incrustaciones como sucias incrustaciones de fragmentos de diamantes brillan en pequeñas grietas y agujeros en el suelo y Juan se agacha para mirarlas.

'Es la sal del subsuelo que está saturado con ellos. Se filtra a la superficie con las aguas de manantial y luego se seca. Es por eso que la vida es imposible aquí. El Mar del Este extiende su muerte durante muchos kilómetros a la redonda, a través de las venas profundas en el suelo. Sólo donde las aguas frescas de primavera contrarrestan sus efectos, 'es posible encontrar plantas y alivio', explica Jesús.

Ellos siguen caminando. Jesús se detiene en la roca hueca, donde Él fue tentado por Satanás. 'Detengámonos aquí. Sentaos. Pronto amanecerá. Hemos caminado durante seis horas y vosotros tenéis hambre, sed y cansancio. Tomad esto. Comed y bebed, sentaos aquí, cerca de Mí, mientras que yo os digo algo que repetiréis a vuestros amigos y al mundo'.

Jesús abre su bolsa y saca el pan y el queso, que Él corta y reparte. De su frasco derrama un poco de agua en un pequeño jarro y lo reparte, también.

'¿No estás comiendo, Maestro?'

'No, voy a hablar con vosotros. Escuchad. Una vez un hombre Me preguntó si yo había estado tentado alguna vez. Él Me preguntó si alguna vez había cometido un pecado, y si, cuando fui tentado, nunca me había entregado. Y él se sorprendió, ya que, con el fin de resistir la tentación, Yo, el Mesías, le había pedido al Padre en busca de ayuda, diciendo: 'Padre, no Me ejes caer en la tentación ...'

Jesús habla despacio, con calma como Uno relatando un evento con el que ninguno de ellos estaba familiarizado ... Judas baja la cabeza como con vergüenza, pero los otros están tan empeñados en mirar a Jesús, que ellos no lo notan.

'... Ahora, Mis amigos, vosotros vais a aprender algo acerca de lo que ese hombre sólo tenía una vaga idea. Después de Mi bautismo Vine aquí: estaba limpio, pero uno nunca está lo suficientemente limpio con respecto a Dios, y la humildad al decir: "Yo soy un hombre y un pecador" es ya un bautismo que hace que el corazón esté limpio. Me sido llamado 'el Cordero de Dios' por el santo profeta quién vio la Verdad y vio al Espíritu descender sobre la Palabra y Lo unge con el crisma de amor, mientras que la voz del Padre, lleno del Cielo decía: "Este es Mi Hijo amado, en quien tengo complacencia. 'Tú, Juan, estabas presente cuando el Bautista repitió esas palabras ... Después de ser bautizado, aunque estaba limpio, tanto por Mi naturaleza y por la apariencia, quería "prepararme". Sí, Judas. Mírame. Que mis ojos te dirán lo que mi boca todavía no habla. Mírame, Judas. Mira a tu Maestro, Quién aunque era el Mesías, no Se consideraba superior al hombre. Por el contrario, a sabiendas de que era el Hombre, Él quiso serlo en todo, excepto en ceder al mal. Exactamente así'.

Judas, ahora con la cabeza levantada, mira a Jesús delante de él. La luz de las estrellas hace que los ojos de Jesús brillen como dos estrellas fijas en un rostro pálido.

'Si uno quiere prepararse para ser un maestro, uno debe haber sido un alumno. Yo, como Dios, lo sabía todo. Mi inteligencia Me permitió entender también las luchas del hombre, tanto por el poder intelectual y de una manera intelectual, es decir, sin ninguna experiencia práctica. Pero entonces un pobre amigo Mío, algún pobre hijo Mío, podría haberme dicho a Mí: 'Tú no sabes lo que es ser un hombre y tener sentidos y las pasiones'. Y habría sido un reproche justo. Vine aquí, o más bien en esta montaña, para prepararme ... no sólo para Mi misión ... pero también para la tentación. ¿Veis? Fui tentado donde vosotros estáis sentados ahora. ¿Por quién? ¿Por un ser mortal? No. Su poder habría sido demasiado limitado. Estuve tentado por Satanás mismo.

Estaba agotado, y Yo no había comido durante cuarenta días ... Pero mientras estaba absorto en la oración, todo había sido olvidado en la alegría de hablar con Dios, o más bien, no olvidado pero lo hizo soportable. Lo sentí como una molestia de carácter material, confinado a la materia sólo ... luego regresé al mundo ... Yo estaba de vuelta en los caminos del mundo ... Y sentí las necesidades de los que están en el mundo: el hambre, la sed y el frío penetrante de la noche del desierto. Mi cuerpo estaba agotado por la falta de descanso, falta de una cama y de un largo viaje realizado en un estado de debilidad que no podría ir más lejos...

Porque Yo estoy hecho de carne también, Mis queridos amigos - carne real - Mi carne está sujeta a la debilidad común de toda carne. Y, con Mi carne, tengo un corazón. Sí, tomé la primera y segunda de las tres partes que forman el hombre. Tomé la parte física con todas sus necesidades y la moral con sus pasiones. Y al mismo tiempo, con Mi voluntad, he derribado todas las malas pasiones al nacer, dejé que las santas pasiones crezcan como los cedros seculares poderosos, es decir, el amor filial, el amor a la patria, la amistad, el trabajo, todo lo que es mejor y más santo. Y aquí sentí nostalgia de Mi lejana Madre, aquí sentí la necesidad de Su cuidado de Mi fragilidad humana, aquí sentí de nuevo el dolor de la separación de la única persona que Me ha amado con un amor perfecto, aquí Me di cuenta del dolor dejado por Mí y estaba triste por Su pena, pobre Madre, Quién tendrá que derramar tantas lágrimas por Su Hijo y por la maldad de los hombres, que Ella se quedará sin lágrimas. Y aquí he experimentado el cansancio del héroe y del ermitaño que en una hora de advertencia se da cuenta de la inutilidad de sus esfuerzos ... Lloré ... Tristeza ... un señuelo para Satanás. No es un pecado estar triste en circunstancias dolorosas. Es un pecado ir más allá de la tristeza y caer en la **pereza** y la desesperación.

Pero Satanás viene cuando ve a alguien en languidez espiritual.

Él vino. Vestido como un viajero de clase. Él siempre tiene una apariencia amable ... tenía hambre ... y treinta años de edad. Él ofreció Ayudarme. Primero Me dijo: 'Dile que estas piedras se conviertan en pan'. Pero antes ... sí ... incluso antes, él Me habló de la mujer. ¡Oh! Él sabe cómo hablar de ella. Él la conoce muy bien. Él la corrompió primero, para convertirla en su aliado en la corrupción. Yo no sólo soy el Hijo de Dios. Yo soy Jesús, el obrero de Nazaret. Le dije a ese hombre, que Me hablaba entonces, él que me preguntó si yo había experimentado tentaciones y casi me acusó de ser injustamente bendito, porque no había pecado: 'El acto se desploma cuando está satisfecho. Una tentación rechazada no desaparece, pero se vuelve más fuerte también porque Satanás la instiga. 'Me resistí a la tentación tanto de la **lujuria** de la mujer y el hambre por el pan. Y debes saber que Satanás propuso a la mujer a Mí como el mejor aliado para tener éxito en el mundo, y él estaba en lo cierto, desde el punto de vista humano.

La tentación no se rindió a causa de Mi observación: " El hombre no vive solamente con sus sentidos ", y él Me habló de mi misión. Él quería seducir al Mesías después de fracasar con el joven hombre. Y él Me incitó para aplastar a los ministros indignos del Templo con un milagro ... Un milagro, el fuego del Cielo, no debe ser doblado para formar una corona de mimbre para coronarnos a nosotros mismos ... Y no hay que poner a prueba a Dios, pidiendo milagros para fines humanos. Eso es lo que Satanás quería. La razón mencionada por él era una excusa, la verdad era: 'presumir de ser el Mesías', ya que Me quería llevar a otro deseo: el ansia de **orgullo**. Él no estaba intimidado por mi respuesta: 'No debes poner al Señor tu Dios a prueba ", y él Me eludió con la tercera potencia de su naturaleza: el oro.

¡Oh! oro. El pan es una gran cosa, y una mujer lo es mayor aún para aquellos que buscan el alimento o el placer. Ser aclamado por las multitudes es una cosa muy grande para el hombre. ¡Cuántos crímenes se cometen en estas tres cosas! Pero el oro ... ¡oro! Es una llave que se abre, un círculo que une, que es el comienzo y el final de noventa y nueve de las acciones humanas. Por el pan y una mujer el hombre se convierte en un ladrón. Por el poder se convierte también en un asesino. Pero por el oro se convierte en un **idólatra.**

El rey de oro, Satanás, Me ofreció su oro si lo adoraba. Yo le traspasé con palabras eternas: 'Adorarás al Señor tu Dios, y a Él sólo servirás', esto sucedió aquí'.

Jesús está ahora de pie y parece más alto de lo habitual en la naturaleza plana que le rodea, a la luz ligeramente fosforescente de las estrellas. También los discípulos se levantan. Jesús sigue hablando, mirando fijamente a Judas.

'Entonces los ángeles del Señor vinieron ... El Hombre había ganado la triple batalla. El hombre sabía lo que significaba ser un hombre y había ganado. Estaba agotado. La lucha había sido más agotadora que el largo ayuno ... Pero el espíritu era triunfal ... creo que el Cielo se sobresaltó en Mi al convertirme en una criatura perfecta dotado de conocimiento. Creo que a partir de ese momento Me dieron el poder de hacer milagros. Yo era Dios. Me había convertido en el hombre. Ahora, al derrotar a la naturaleza animal relacionado con la naturaleza del hombre, que era el Hombre- Dios. Y lo estoy. Y como Dios soy omnipotente. Y como hombre que soy omnisciente. Haced lo que yo hice, si queréis hacer lo que hago. Y haceros en Mi memoria.

Ese hombre estaba asombrado de Mi pidiendo la ayuda del Padre, y en Mi oración para no caer en la tentación. Es decir, no quedar a merced de la tentación más allá de Mis fuerzas. Creo que ese hombre ya no se sorprenderá, ahora que sabe. Os pido que hagáis lo mismo en Mi memoria y ganéis como lo hice. Y nunca dudar de Mi naturaleza de verdadero hombre y verdadero Dios, al ver lo fuerte que Fui en todas las tentaciones de la vida, y cómo he ganado las batallas de los cinco sentidos, de la sensualidad y sentimientos. Recordad todo eso. Prometí llevaros a donde sería posible que vosotros conozcais al Maestro ... desde los albores de Su día, un amanecer que es tan puro como el que ahora se está levantando, al mediodía de Su vida. El mediodía que dejé de ir al encuentro de Mi noche humana ... Dije a uno de vosotros: 'Yo también estoy preparado', que ahora véis que es verdad. Os agradezco por vuestra compañía en el regreso al lugar de Mi nacimiento y el lugar de Mi penitencia. Mis primeros contactos con el mundo Me habían enfermado y Me deprimieron. Es demasiado feo. Mi alma ahora se ha nutrido con la médula del león: la unión con el Padre en la oración y la soledad. Y Yo puedo volver al mundo y tomar Mi cruz sobre Mí una vez más, la primera cruz del Redentor: la cruz del contacto con el mundo. Con el mundo, en el que hay muy pocas almas llamadas María, llamados Juan ... Ahora escuchad, y, en particular, Juan. Volveremos hacia donde está Mi Madre y nuestros amigos. Os ruego no mencionar a Mi Madre la dureza que se ha opuesto al amor de Su Hijo. Ella sufriría demasiado. Ella va a sufrir mucho a causa de la crueldad del hombre ... pero no le daremos Su cáliz ahora. ¡Será muy amargo el que se le dé a Ella! Así de amargo que se arrastrará como un veneno en Sus santas vísceras y venas y el crujir de ellas y congelará Su corazón. ¡Oh!

¡No digáis a Mi Madre que Belén y Hebrón Me han rechazado como a un perro! ¡Tened piedad de Ella! Tú, Simón, viejo y bueno, y considerado como eres, no hablarás, lo sé. Tú, Judas, eres de Judea, y no hablarás de orgullo patriótico. Pero tú, Juan, eres Galileo, y joven, no cometas un pecado de orgullo, crítica y crueldad. Guarda silencio. Más tarde ... más tarde le dirás a los demás lo que ahora te pido que calles. Ya hay mucho que decir acerca de Cristo. ¿Por qué agregar a esto lo que Satanás obra en contra de Cristo? Mis queridos amigos, ¿Vosotros Me prometéis esto?'

'¡Oh! ¡Maestro! Nosotros lo prometemos. Asegúrate de eso'.

'Gracias. Vayamos a ese pequeño oasis. Hay una fuente, un pozo lleno de agua fría y hay sombra y verdor. El camino hacia el río pasa cerca de él. Vamos a encontrar comida y refrigerio hasta la tarde. Por luz de las estrellas, vamos a llegar al río, la orilla. Y vamos a esperar a José o reunirnos con él si él ya está de vuelta. Vamos'.

Ellos se asentaron así como primer tono rosado en el cielo oriental anuncia el levantamiento de un nuevo día.

A Las Orillas Del Jordán. Encuentro Con Los Pastores Juan, Matías Y Simeón.

Hay líneas de pequeños burros y gente yendo y viniendo por el camino trillado que corre a lo largo de las verdes orillas del Jordán. También en la orilla del río, hay tres hombres que custodian unas pocas ovejas en el pasto.
José está a la espera en el camino, mirando hacia arriba y hacia abajo. A lo lejos, en el cruce de la ruta del río con la carretera principal, Jesús aparece con Sus tres discípulos. José llama a los pastores que conducen a las ovejas por la orilla cubierta de hierba, camina rápido hacia Jesús.
No tengo el coraje ... ¿Qué voy a decir al saludarle a Él? '
'¡Oh! Él es tan bueno! Di: 'La paz sea Contigo' Él siempre dice eso'.
'Sí, Él ... pero ...'
¿Y qué hay de mí? Yo no soy ni siquiera uno de Sus primeros adoradores y Él es tan amable conmigo ... ¡oh! tan amable! '
'¿Cuál es? '
'El más alto, con el pelo claro'.
'¿Matías, le decimos a Él sobre el Bautista?
'¡Por supuesto que sí!'
'¿Acaso no pensará que preferimos al Bautista en vez de a Él?'
'No, Simeón. Si Él es el Mesías, Él puede ver en los corazones de los hombres y en el nuestro Él verá

que en el Bautista todavía Lo estábamos buscando a Él'.

'Sí, tienes razón'.

Con los dos grupos ahora sólo a unos pocos metros de distancia, los pastores pueden ver que Jesús les sonríe con su sonrisa indescriptible y José acelera su paso. Las ovejas, a instancias de los pastores, también comienzan a correr.

'La paz sea con vosotros', dice Jesús que levanta sus brazos en un amplio abrazo. 'La paz sea contigo, Simeón, Juan y Matías, fieles a Mí, y fiel a Juan el Profeta! ... ', Añade específicamente a cada uno de los pastores que están ahora de rodillas. '
... La paz sea contigo, José y Él le da un beso en las mejillas. Vamos, Mis amigos. Bajo estos árboles en el cauce del río expuesto y hablemos'.

Ellos van hasta el lecho del río expuesto donde Jesús se sienta en una raíz saliente y los otros en el suelo. Jesús sonríe y mira con atención, uno a uno: 'Dejadme familiarizarme con vuestros rostros. Vuestras almas ya Me conocen, almas que buscan y aman lo que es bueno en contra de todos los anhelos mundanos. Isaac, Elías y Levi les envían sus saludos y hay otros saludos de Mi Madre. ¿Tenéis vosotros alguna noticia del Bautista? '

Los hombres, hasta ahora amordazados por vergüenza, se animan y encuentran palabras, por fin: 'Él todavía está en la cárcel. Nuestros corazones se estremecen por él, porque él está en las manos de un hombre cruel que está dominado por una criatura infernal y está rodeado por una corte corrupta. Nosotros le amamos a él ... Tú sabes que lo amamos y que merece nuestro amor. Después de salir de Belén, fuimos perseguidos por los hombres ... pero estábamos afligidos y desalentados porque Te habíamos perdido, más bien por su odio y nosotros éramos como árboles arrancados por el viento. Entonces, después de años de sufrimiento, como un hombre cuyas pestañas se han cosidas luchando para ver el sol, pero no puede, porque también está encerrado en una prisión, pero siente el calor del sol sobre su cuerpo, sentimos que el Bautista era el hombre de Dios previsto por los Profetas para preparar el camino hacia Cristo y nos fuimos con él. Nosotros dijimos: 'Si el Bautista le precede, si vamos al Bautista, lo encontraremos. 'Porque, mi Señor, fuiste Tú a Quién estábamos buscando'.

'Ya lo sé. Y vosotros Me encontrasteis. Y ahora Yo estoy con vosotros'.
'José nos dijo que Tú viniste al Bautista. Pero no estábamos allí ese día. Tal vez él nos había enviado a alguna parte. Lo servimos en los asuntos espirituales, cuando nos pidió, con tanto amor. Y lo hemos escuchado a él con amor, a pesar de que era tan severo, porque él no era Tú - la Palabra - pero él siempre habló palabras de Dios'.

'Lo sé. ¿Y vosotros conocéis a este hombre? Jesús pregunta, señalando a Juan.
'Lo vimos con los demás galileos en la multitud que eran más fieles al Bautista. Y, si no nos equivocamos, tú eres el único cuyo nombre es Juan, y de los cuales solía decir a nosotros, sus discípulos más cercanos: "Aquí: Yo soy el primero, él es el último. Y entonces: él será el primero, y yo el último 'Pero nunca entendimos lo que quiso decir'.

Jesús se dirige a Juan a Su izquierda y él lo atrae contra Su corazón, y con una sonrisa más amable

Él explica: 'Quiso decir que él era el primero en decir: " He aquí el Cordero ", y que Juan aquí será el último de la amigos del hijo del hombre en hablar del Cordero a la multitud; pero que en el corazón del Cordero, Juan es el primero, porque es el más querido que cualquier otro hombre al Cordero. Eso es lo que quiso decir. Pero cuando veas al Bautista – lo verás de nuevo, y lo servirás de nuevo hasta la hora predeterminada - dile que él no es el último en el corazón de Cristo. No tanto por la sangre, sino a causa de su santidad, es amado tanto como Juan. Y recuerda eso. Si el santo en su humildad se proclama "el último", la Palabra de Dios lo proclama a él igual al discípulo que es estimado por Mí .. Dile que amo a este discípulo porque tiene el mismo nombre y porque encuentro en él los signos del Bautista, que prepara las almas para Cristo".

'Nosotros le diremos ... ¿Pero lo veremos de nuevo?

'Sí, lo harán'.

'Sí, Herodes no se atreve a matarlo por miedo de la gente y en su corte, que está llena de avaricia y corrupción, sería fácil liberarlo si tuviéramos un montón de dinero. Pero, aunque no hay mucho - porque los amigos le han dado mucho - todavía hay una gran cantidad que falta. Y tenemos miedo que no sea a tiempo ... y él puede ser asesinado'.
'¿Cuánto crees que necesita para el rescate?'

No por su rescate, Señor. Herodías le odia demasiado y ella tiene demasiado control sobre Herodes para permitir la posibilidad de un rescate. Pero creo que todas las personas codiciosas del reino se han reunido en Maqueronte. Todo el mundo está ansioso por pasar un buen rato y resaltar; de los ministros hacia abajo a los

sirvientes. Y para hacer eso, necesitan dinero ...
También hemos sabido quién dejaría libre al
Bautista por una gran suma de dinero. Quizás
también Herodes preferiría que ... porque tiene
miedo. No por cualquier otra razón. Tiene miedo de
la gente y miedo de su esposa. De esa manera, él
podía complacer a la gente y su esposa no podía
acusarlo de decepcionarla'.
'¿Y cuánto quiere esa persona? '
'Veinte talentos de plata. Pero tenemos sólo doce
años y medio'.
'Judas, tú dijiste que esas joyas son hermosas. '
'Sí, hermosas y valiosas'.
'¿Cuánto pueden valer? Creo que tú eres experto'.
'Sí, soy un buen juez. ¿Por qué quieres saber
cuánto valen, Maestro? ¿Tú quieres venderlas?
¿Por qué? '
Tal vez ... Dime: ¿cuánto pueden valer? '
'Al menos seis talentos, si se venden bien'.
'¿Estás seguro? '

'Sí, Maestro. El collar en sí mismo, tan grande y pesado, del oro más puro, es un valor de al menos tres talentos. Lo he examinado cuidadosamente. Y también las pulseras ... no sé cómo las muñecas delgadas de Aglae pudieron sostenerlas'.
'Eran sus grilletes, Judas'.
'Es cierto, Maestro ... ¡Pero a muchos les gustaría tener esos grilletes hermosos!
'¿Lo crees así? ¿Quiénes? '
'Bueno ..., ¡mucha gente! '
'Sí, muchos que son seres humanos sólo por su nombre ... ¿Y sabes de algún posible comprador? '

'Así que, ¿Tú quieres venderlas? ¿Y es que para el Bautista? Pero mira, ¡es oro maldito! '
'¡Oh! Inconsistencia humana! Tú acabas de decir con evidente deseo, que a mucha gente le encantaría tener ese oro, y ahora dices que está maldito? ¡Judas, Judas! ... Está maldito, por cierto. Pero ella dijo: "Va a ser santificado si se utiliza para la gente pobre y para los santos" y es por eso que ella lo entregó, es quien se beneficia con esto, puedes orar por su pobre alma como el embrión de una futura mariposa en la semilla de su corazón. ¿Quién es más santo y más pobre que el Bautista? Él es igual a Elías en su misión, pero superior a Elías en su santidad. Él es más pobre de lo que Yo soy. Tengo una Madre y un hogar ... Y cuando uno tiene ese tipo de cosas, y puro y santo como lo tengo, uno nunca se queda solo. Él ya no tiene un hogar, y él no tiene más que la tumba de su madre. Todo ha sido violado y profanado por la iniquidad humana. Entonces, ¿quién es el comprador? '

'Hay uno en Jericó y hay muchos en Jerusalén. ¡Pero el de Jericó!! Él es un levantino astuto tasador de oro, un usurero, un intermediario, un alcahuete, que es sin duda un ladrón. Probablemente un asesino. Él es, sin duda perseguido por Roma. Él ha cambiado su nombre por el de Isaac, al pasar por un hebreo ... Pero su verdadero nombre es Diomedes. 'Lo conozco muy bien ...'
'¡Sí, vemos eso! ... ' Interviene Simón Zelote, que habla poco, pero se da cuenta de todo". ... '¿Cómo es que lo conoces tan bien?'
'Bueno ... ya sabes ... Con el fin de complacer a ciertos amigos poderosos. Fui a verlo ... e hice

algunos negocios ... Ya sabes ... nosotros del Templo ...'
'Lo sé ... tú haces todo tipo de trabajos', concluye Simón con ironía fría. Judas se enciende, pero se mantiene en silencio.
'¿Va a comprar?' pregunta Jesús.
'Creo que sí. Él tiene mucho dinero. Por supuesto, uno debe ser hábil en la venta debido a que el griego es astuto y si se da cuenta que está tratando con una persona honesta, con una paloma pichón, le arranca sin piedad. Pero si él tiene que hacer frente a un buitre como él ...'

'Deberías ir, Judas. Tú eres el hombre adecuado. Eres tan astuto como un zorro, y depredador como un buitre. ¡Oh! Perdóname, Maestro. ¡Hablé antes que Tú! dice Simón Zelote nuevamente.
"Yo tengo la misma opinión, y por lo tanto, le diré a Judas que vaya. Juan, ve con él. Nos reuniremos de nuevo al atardecer y el lugar de encuentro será la plaza del mercado. Id. Y haced lo mejor'.
Judas se levanta inmediatamente y Juan vuelve su mirada implorante de perrito escarmentado en Jesús, quien, hablándole a los pastores, no se da cuenta lo que Juan quiere decir detrás de Judas.

"Me gustaría veros felices ", dice Jesús.
'Tú siempre nos hacen felices, Maestro. Que Dios Te bendiga por ello. ¿Aquél hombre es amigo Tuyo?'

'Sí, lo es. ¿Crees que no debería serlo? '
El pastor Juan baja la cabeza, y se mantiene en silencio, pero Simón dice: 'Sólo quien es bueno, puede ver. Yo no soy bueno, y por lo tanto no veo lo que ve Bounty. Veo el exterior. Quién es bueno penetra también en el interior. Tú, Juan, ves como yo. Pero el Maestro es bueno ... y ve ...'

'¿Qué ves en Judas, Simón? Quiero que Me lo digas a Mí'.

Bueno, cuando lo miro, pienso en ciertos lugares misteriosos que parecen guaridas de bestias salvajes y estanques infectados con malaria. Uno sólo puede ver una enorme enredo y, asustado, uno se mantiene claro ... En cambio ... detrás de esto hay tórtolas y ruiseñores y el suelo es rico en aguas sanas y buenas hierbas. Quiero creer que Judas es así ... Creo que él debe ser, porque Tú lo elegiste. Y Tú sabes ... '
'Sí, lo sé ... Hay muchas fallas en el corazón de ese hombre ... Pero él tiene algunos puntos buenos. Tú lo viste por ti mismo en Belén y Queriot. Y sus puntos buenos que son humanamente buenos han de ser elevados a una bondad espiritual. Judas entonces será como a ti te gustaría que fuese. Él es joven ...'
'También Juan es joven ...'

Y en tu corazón, tú concluyes que es mejor. ¡Pero Juan es Juan! Ama al pobre Judas, Simón, le ruego que .. Si lo amas ... Él aparecerá para ser mejor'.
'Trato de amarlo por Ti. Pero él rompe todos mis esfuerzos como si fueran cañas de agua ... Pero, Maestro, sólo hay una ley para mí: hacer lo que Tú quieres. Yo, por lo tanto, amaré a Judas aunque algo dentro de mí me grita en su contra'.
'¿Qué Simón?'
'No sé exactamente lo que es: algo que se asemeja al clamor del vigilante nocturno ... y me dice: ¡No te duermas! ¡Observa! 'No lo sé. Ese algo no tiene nombre. Pero está aquí ... en mí, en contra de él'.
'Olvídate de eso, Simón. No te preocupes en darle una definición. Es mejor no saber ciertas verdades ... y tú podría estar equivocado. Deja a tu Maestro.

Dame tu amor y tú puedes estar seguro de que Me haces feliz ... '

Judas Iscariote Cuenta Cómo Vendió Las Joyas De Aglae A Diomedes.

Es la puesta de sol en un día de verano muy caliente en el mercado en Jericó. Pero para unos pocos transeúntes, algunas mujeres que van a la fuente y algunos niños pendencieros vestidos con harapos y lanzando piedras a los pájaros posados en los árboles, el mercado está vacío. Restos de verduras, montones de excrementos, paja caída de las canastas de los burros y trapos, todos fermentan en el calor del sol y cubierto de moscas - es todo lo que queda del mercado de la mañana.

Al llegar a la plaza a través de una calle lateral, Jesús mira a su alrededor y no ve a nadie, espera pacientemente, apoyado en un tronco de árbol. Mientras Él espera, Le habla a los niños sobre la caridad que comienza con Dios y desde Él, el Creador, desciende a todas las criaturas.

'No seáis crueles. ¿Por qué queries molestar a las aves del aire? Ellos tienen sus nidos allí, y sus pequeños. No dañan a nadie. Ellos nos dan su canto y limpieza, porque se alimentan de la basura dejada por los hombres y los insectos que son perjudiciales para los cultivos y frutos. ¿Porque herirlos o matarlos, privar a los más pequeños de sus padres y madres o a los padres de sus pequeños? ¿Estaríais contentos si un hombre malvado llegara a vuestra casa y la destruyera, o matara a vuestros padres, o que los quitara? No, vosotros no estarias felices. Bueno, entonces, ¿por qué hacer a estas criaturas inocentes lo que no os gustaría que os hagan a vosotros? ¿Cómo vais a absteneros un día de hacer daño a los hombres si, niños como vosotros sois ahora, endurecen sus corazones, y hieren a pequeñas criaturas indefensas, como estas aves? ¿No sabéis que la Ley dice: 'Amad a tu prójimo como a ti mismo'? ¿Quién no ama a su prójimo no ama a Dios. Y quién no ama a Dios, ¿cómo puede ir a su casa y orarle a Él? Dios podría decirle a él, y él decirlo en el Cielo: 'Vete. Yo no te conozco'.

Vosotros, hijos míos? No, no lo sois. Vosotros no amáis a vuestros hermanos, no respetais en ellos al Padre Quién los creó, vosotros no sois un hermano y un hijo, sino un hijo ilegítimo: Un hijastro de Dios, un hermanastro de vuestros hermanos: '¿Mirad cómo el Eterno Señor ama?' En los meses fríos, Él hace que Sus pequeños pájaros encuentren los graneros llenos de heno, de modo que puedan anidar allí. En los meses de calor, Él les protege del sol con el follaje de los árboles. En invierno, el maíz en los campos está sólo cubierto de tierra y es fácil para ellos encontrar las semillas y alimentarse ellos mismos. En verano apagan su sed con el jugo de frutas y construyen nidos sólidos, cálidos con heno y la lana dejada en las zarzas por las ovejas. Y Él es el Señor. Vosotros, pequeños hombres, creados por Él como los pajaritos, y por lo tanto, vuestros hermanos en la creación, ¿por qué queréis diferir de Él y pensar que se puede ser cruel con estos pequeños animales? Sed misericordiosos con todos, no privéis a nadie de lo que es debido a uno: tanto entre los hombres y los animales, vuestros siervos, vuestros amigos y Dios ... '

'¿Maestro? Llama Simón ' Judas está viniendo'.

" ... Y Dios será misericordioso con vosotros, y os dará todo lo necesario, como lo hace con estas criaturas inocentes. Ved y tomad la paz de Dios con vosotros'.

Jesús hace su camino a través de los niños y algunos de los adultos que se les habían unido, y se dirige hacia Judas y Juan, que vienen desde otra calle. Judas está jubiloso. Juan le sonríe a Jesús ... pero no parece muy feliz.

'Vamos, vamos, Maestro. Creo que he hecho bien. Pero ven conmigo. No es posible hablar aquí en la calle'.

'¿Dónde, Judas?'

'Al hotel. Ya he reservado cuatro habitaciones ... ¡oh! nada especial, no te preocupes. Sólo para descansar en una cama después de tanto malestar en todo este calor y para disfrutar de una comida como hombres y no como pájaros posados en las ramas, y también para hablar de paz. Vendí las joyas muy bien, ¿verdad, Juan?'

Juan asiente en señal de asentimiento, pero no con mucho entusiasmo. Pero Judas está demasiado complacido con su trabajo para notar que Jesús no etás muy feliz ante la perspectiva de un cómodo alojamiento o que Juan está menos entusiasta acerca de sus transacciones.

'Como yo había vendido a un precio más alto de lo que había estimado, dije: 'Es justo que yo debería tomar una pequeña cantidad, cien monedas, para nuestras camas y comidas. Si estamos agotados, aunque siempre tuvimos algo de comer, Jesús debe estar completamente agotado. ¡Me veo en la obligación de garantizar que mi Maestro no esté enfermo!' Una obligación de amor, porque Tú me amas, y te quiero ... Hay espacio también para vosotros y las ovejas', dice a los pastores. 'He visto de todo'.

Jesús no dice una palabra, pero sigue a Judas, al igual que los demás.

Llegan en una plaza más pequeña.

'¿Ves esa casa sin ninguna ventana abierta en la calle y con la pequeña puerta estrecha que se ve como una fisura? ... 'direcciona Judas ... Es Diomedes, la casa del negociante de oro. Parece una casa pobre, ¿no es así? Pero hay suficiente oro en allí para comprar la totalidad de Jericó y ... ¡Ah! ¡Ah! ... ' Judas ríe maliciosamente' ... entre todo ese oro, hay muchas joyas y platos, así como otras cosas, que pertenecen a las personas más influyentes en Israel. Diomedes ... ¡oh! Todos ellos pretenden que no lo conocen, pero todos lo hacen: desde los Herodianos a ... a todo el mundo. En esa llanura, pared suave, se podría escribir: 'Misterio y Secreto'. ¡Si estas paredes pudieran hablar! ...'

'...¡Entonces no te escandalizarías de la manera en que yo hice este negocio, Juan! Tú ... tú morirías, ahogado de asombro y de escrúpulos. Por cierto, escucha, Maestro. Nunca me envíes de nuevo con Juan en ciertos negocios. Él casi arruina todo. Él no puede tomar una pista, no puede negar las cosas, mientras que con los hombres astutos como Diomedes hay que ser rápido y sin complejos'.

Juan se queja: 'Tú decías ciertas cosas. Así inesperadas y tan ... tan ... Sí, Maestro. No me mandes de nuevo. Yo sólo soy bueno en ser amable y cariñoso ... yo ...'

'Es muy poco probable que vayamos a necesitar cada vez más este tipo de transacciones'. Responde Jesús, muy seriamente.

'Ese es el hotel allí. Ven, Maestro. Haré la conversación, porque yo organicé todo'.

Ellos entran y Judas le habla al propietario, que tiene la oveja llevada a un establo mientras él toma a los invitados a una pequeña habitación con dos camas de estera, algunas sillas y una mesa ya diseñada. Luego se retira.

'Te diré lo que sucedió de una vez, el Maestro, mientras que los pastores están asentando las ovejas'.

'Estoy escuchando'.

'Juan puede decir si estoy diciendo la verdad'.

'No lo dudo. No se requiere juramento o testimonio entre los hombres de bien. Dime'.

'Llegamos a Jericó al mediodía, húmedos de sudor, como animales de carga. Yo no quise darle la impresión a Diomedes de que estaba en necesidad urgente. Así que en primer lugar, vine aquí, me refresqué, me puse ropa limpia, e hice que Juan hiciera lo mismo. ¡Oh! Él no quería oír hablar de tener su cabello ordenado y perfumado. Pero yo había hecho mis planes en mi camino aquí ...
Cuando era casi de noche, me dijo: 'Vamos' Para entonces, éramos como dos personas adineradas

bien descansadas y frescas en un viaje de placer. Cuando estábamos a punto de llegar a casa de Diomedes, le dije a Juan: 'Siempre estate de acuerdo con lo que digo. No me contradigas, y se rápido para tomar una pista. ¡Pero debería haberlo dejado fuera!' No ayuda en absoluto. Todo lo contrario ... Afortunadamente, yo soy tan rápido como dos personas, y me las arreglé.

El recaudador de impuestos estaba saliendo de su casa. '¡Muy bien!', Le dije. "Si él está saliendo, nos encontraremos con el dinero y lo que necesita para hacer una comparación. 'Debido a que el hombre es especial, por ser un usurero y un ladrón como todos los de su especie, siempre tiene collares incautados con las amenazas y la extorsión de las pobres personas de las cuales recauda impuestos de lo que es justo, con el fin de tener un montón para gastar en fiestas y mujeres. Y él es muy amable con Diomedes, que compra y vende oro y carne ... Fuimos después de que me di a conocer. Yo dije: entremos. Debido a que existe una diferencia entre ir al hall de entrada, donde se simula estar haciendo un trabajo honesto, y bajando hasta el sótano, donde él hace su negocio real. Uno debe ser bien conocido por él para entrar allí. Tan pronto como me vio, me dijo: '¿Quieres vender más oro? Estamos pasando por tiempos difíciles, y tenemos poco dinero. 'Su vieja historia de siempre'. Yo le respondí: 'No he venido a vender, sino a comprar. ¿Tienes algún joyas para una dama? Pero debe ser hermosa, valiosa, pesada, en oro puro! 'Diomedes estaba asombrado. Y me preguntó: "¿Quieres una mujer? 'No importa' le respondí. 'Ellas no son para mí. Son para este amigo mío que se va a casar y quiere comprar las joyas para su amada esposa'.

En este punto, Juan comenzó a comportarse como un niño. Diomedes, quien lo miraba, lo vio volverse púrpura, y siendo un anciano sucio, él dijo: "¡Ah! El niño sólo ha oído mencionar a novia y está molesto. ¿Tu mujer es muy Hermosa?, preguntó. Le di una patada a Juan para despertarlo, y para hacerle entender que no se comporte tontamente. Pero él respondió: 'Sí', como si hubiera sido estrangulado y Diomedes comenzó a sospechar. Luego hablé: 'Si ella es bella o no es asunto tuyo, viejo. Ella nunca será una de las mujeres a causa de los cuales irás al infierno. Ella es una virgen honesta, y pronto será una mujer honesta. Muéstranos tu oro. Yo soy tu mejor hombre y es mi tarea es ayudar al joven ... yo soy un ciudadano de Judea'.

'Él es Galileo, ¿no es así?' Tu pelo siempre te delata. "¿Eres rico?'

'Sí, mucho'.

Bajamos entonces y Diomedes abrió sus baúles y cofres. Pero a decir verdad, Juan, ¿no parecíamos estar en el Cielo con todas las joyas y todo el oro? Collares, coronas, brazaletes, pendientes, redecillas de oro y piedras preciosas, horquillas, hebillas, anillos ... ¡Ah! ¡qué magnificencia! Altivamente, tomé un collar más o menos como el Aglae. Y anillos, hebillas, pulseras, todo lo que tenía en mi bolso, y la misma cantidad. Diomedes se sorprendió y no dejaba de preguntar: '¿¡Qué!? ¿Un poco más? Pero, ¿quién es este hombre? ¿Y quién es la novia? ¿Una princesa? 'Cuando tuve todo lo que quería, le dijo: '¿El precio?'

¡Oh! ¡Qué serie de quejas preparatorias sobre los horarios, impuestos, riesgos, ladrones! ¡Y otra serie de garantías sobre su honestidad! Y entonces su respuesta: 'Sólo porque eres tú, te voy a decir la verdad. Sin exagerar. Pero ni siquiera un centavo menos. Quiero doce talentos de plata'.

'¡Ladrón!', Le dije. Y proseguí: '¡Vamos, Juan. En Jerusalén nos encontraremos con alguien que no sea un ladrón como él' y yo fingía que me iba. Él corrió tras de mí. 'Mi gran amigo, mi querido amigo, ven, escucha a tu pobre siervo. No puedo aceptar menos. Es imposible. Mira. Voy a hacer un esfuerzo a costa de arruinarme a mí mismo. Yo lo haré, porque siempre me ha honrado con su amistad, y me hiciste hacer buenos negocios. Once talentos, ahí están. Eso es lo que pagaría si tuviera que comprar el oro de alguien muerto de hambre. Ni un centavo menos. Sería como sangrado mis venas'. ¿No es eso lo que dijo? Me hizo reír y me disgustaba, al mismo tiempo.

Cuando vi que él estaba decidido del todo en el precio, le hice una mala pasada a él. 'Bribón viejo sucio. Ten en cuenta que yo no quiero comprar, por el contrario, quiero vender. Esto es lo que quiero vender. Mira. Es tan hermoso como el tuyo. Oro de Roma en la última moda. Se venderá como pan caliente. Tú puedes tenerlo por talentos. Exactamente lo que pidiste por el tuyo. Tú has fijado el precio, y tú pagas'. Deberías haberle escuchado. '¡Esto es traición! Has traicionado la estima que te tenía! ¿Quieres arruinarme? ¡No puedo pagar todo eso!'Gritó. 'Tú tasaste su valor.

¡Así que paga!' No puedo. 'Mira, voy a tomar todo a alguien más. 'No, amigo mío, no', y extendió sus manos en forma de gancho hacia el montón de oro Aglae. 'Bueno, entonces, paga: Debo pedir doce talentos. Pero voy a estar satisfecho con el último precio que me pediste. 'No puedo'. 'Usurero' Mira, tengo un testigo aquí y puedo reportarte como un ladrón ... y he mencionado otras virtudes tuyas que no voy a repetir a causa de este muchacho ...'

Por fin, ya que estaba ansioso por vender y liquidar el asunto rápidamente, me susurró algo al oído, algo que no voy a guardar ... ¿Qué peso tiene una promesa hecha a un ladrón? Y ajusté el trato por diez y medio. Nos vinimos mientras lloraba y ofreciendo su amistad y ... mujeres. Y Juan estaba a punto de llorar. ¿Qué importa si piensan que tú eres un hombre depravado? Nada, siempre y cuando no lo eres. ¿No sabes que el mundo es así, y que tú eres un fracaso en el mundo? ¿Un joven que no ha tenido ninguna experiencia con las mujeres? ¿Quién crees que te va a creer? O si te creen, Bueno. No me gustaría que pensaran de mí lo que puedan pensar de ti, si ellos creen que tú no desean las mujeres.

Aquí, Maestro. Cuéntalos Tú mismo. Yo tenía un montón de monedas. Pero fui al hombre de los impuestos y le dije: 'Toma esta basura y dame los talentos que Isaac te dio'. Esa fue la poca última información que obtuve después de cerrar el trato. Pero lo último que le dije a Isaac - Diomedes fue: 'Recuerda que el Judas del Templo no existe más. Ahora yo soy el discípulo de un hombre santo. Imagina, por tanto, que nunca me conociste, si su vida es querida para ti'. Y yo estaba a punto de retorcerle el cuello porque me dio una respuesta penetrante'.

'¿Qué te ha dicho a ti? 'pregunta Simón, con frialdad.

'Él dijo: '¿Tú, el discípulo de un hombre santo?. Nunca lo creeré, o pronto veré a tu santo aquí, pidiendo por una mujer'. Él dijo: 'Diomedes es una vieja vergüenza del mundo. Pero tú eres una nueva. Y aún puedes cambiar, porque me convertí en lo que soy cuando yo era viejo. Pero no vas a cambiar. Naciste así. ¡Viejo sucio! Él niega Tu poder, ¿ves? '

'Y es un buen griego, que dice la verdad'.

'¿Qué quieres decir, Simón? ¿Te refieres a mí? '

'No. Me refiero a todo el mundo. Él es un hombre que conoce el oro y los corazones de los hombres de la misma manera. Él es un ladrón, el más sucio de todos los oficios de inmundicia. Pero se percibe en él la filosofía de los grandes griegos. Él conoce al hombre, el animal con siete mandíbulas pecaminosas, el pulpo que ahoga la bondad, la honestidad, el amor y muchas otras cosas, tanto en sí mismo y en los demás'.

'Pero él no conoce a Dios'.

'¿Y le gustaría que le enseñe?' le pregunta Simón

'Sí, lo haría. ¿Por qué? Son los pecadores que necesitan conocer a Dios'.

'Cierto. Pero ... el maestro debe conocerlo a Él para enseñarle'.

¿Y yo no lo conozco a Él? '

'Paz, Mis amigos. Los pastores están llegando. No dejemos molestar sus almas con nuestras peleas. ¿Has contado el dinero? Eso es suficiente. Cumple con todas las acciones como cumpliste ésta, y lo repito una vez más, en el futuro, si se puede, no decir mentiras, ni siquiera para llevar a cabo una buena acción'.

Los pastores entran.

'Mis amigos. Aquí hay diez talentos y medio. La cantidad es menos que cien monedas que Judas ha mantenido para los gastos de hotel. Llevadlas'.

'¿Las das todas a ellos?' pregunta Judas.

'Sí, hasta el último centavo. No quiero ni un centavo de ese dinero. Tenemos las ofrendas de Dios y de quienes honestamente buscan a Dios ... y nunca te faltará lo necesario. Creedme. Tomad el dinero y se feliz, como yo, para el Bautista. Mañana, iréis hacia su prisión. Dos de vosotros: Juan y Matías. Simón y José irán con Elías a reportarlo y ser enseñados para el futuro. Elías sabe. Más tarde, José volverá con Levi. El lugar de encuentro, en diez días, será en la Puerta del Pescado, en Jerusalén, al amanecer. Y ahora, vamos a comer y a descansar. Mañana, al amanecer, Me iré con Mis discípulos. No tengo nada más que deciros por el momento. Más tarde, oirán sobre Mí'.

Y Jesús parte el pan y lo pasa en ronda.

www.ingramcontent.com/pod-product-compliance
Lightning Source LLC
Chambersburg PA
CBHW070605050426
42450CB00011B/2998